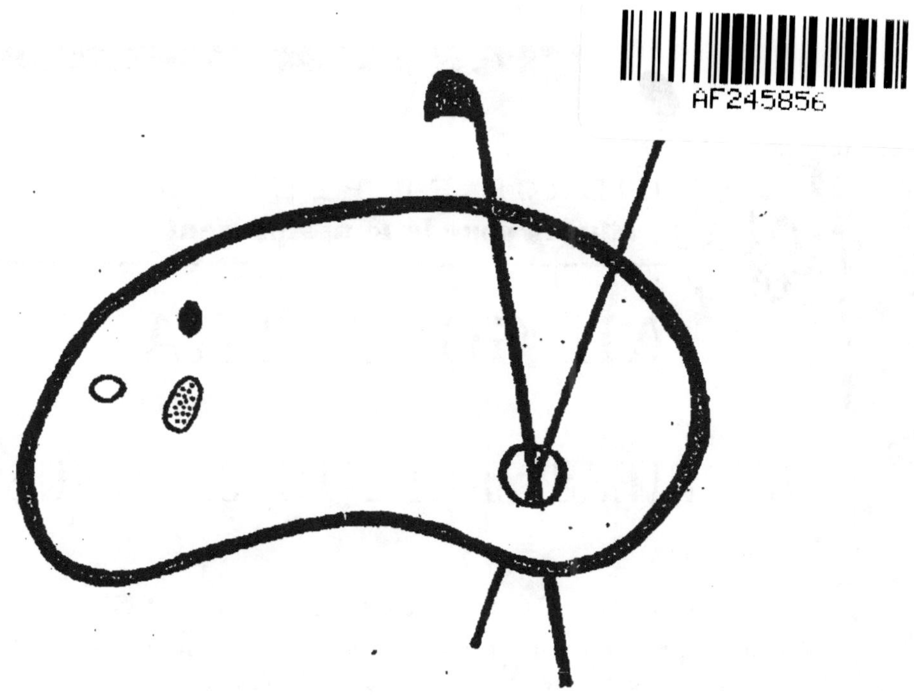

**DEBUT D'UNE SERIE DE DOCUMENTS
EN COULEUR**

AU GOLGOTHA

OU LES

DERNIERS MOMENTS DE JÉSUS

PAR

l'Abbé Constantin CHAUVIN

Ancien professeur d'Ecriture sainte au Séminaire de Laval
Supérieur au Séminaire de Mayenne

DEUXIÈME ÉDITION

PARIS

LIBRAIRIE B. BLOUD

4, RUE MADAME ET RUE DE RENNES, 59

1901

SCIENCE ET RELIGION

Études pour le temps présent. — Prix : 0 fr. 60 le vol.

— Certitudes scientifiques et certitudes philosophiques, par le R. P. DE LA BARRE, S. J., prof. à l'Institut catholique de Paris. 1 vol.
— *Du même auteur :* L'Ordre de la nature et le Miracle. 1 vol.
— L'Ame de l'homme, par J. GUIBERT, supérieur du séminaire de l'Institut catholique de Paris. 1 vol.
— Faut-il une religion ? par l'abbé GUYOT. 1 vol.
— *Du même auteur :* Pourquoi y a-t-il des hommes qui ne professent aucune religion ? 1 vol.
— Nécessité scientifique de l'existence de Dieu, par P. COURBET. 1 vol.
— *Du même auteur :* Jésus-Christ est Dieu. 1 vol.
      id.   Convenance scientifique de l'Incarnation. 1 vol.
— Études sur la pluralité des mondes habités et le dogme de l'Incarnation, par le R. P. ORTOLAN.
  I. — *L'Epanouissement de la vie organique à travers les plaines de l'infini.* 1 vol.
  II. — *Soleils et terres célestes.* 1 vol.
  III. — *Les Humanités astrales et l'Incarnation.* 1 vol.
— *Du même auteur :* La Fausse Science contemporaine et les Mystères d'Outre-tombe. 1 vol.
      id.   Vie et Matière ou Matérialisme et spiritualisme en présence de la Cristallogénie. 1 vol.
      id.   Matérialistes et Musiciens. 1 vol.
— L'Au delà ou la Vie future d'après la foi et la science, par l'abbé J. LAXENAIRE. 1 vol.
— Le Mystère de l'Eucharistie. — Aperçu scientifique, par l'abbé CONSTANT. 1 vol.
— *Du même auteur :* Le Mal, sa nature, son origine, sa réparation. 1 vol.
— L'Eglise catholique et les Protestants, par G. ROMAIN. 1 vol.
— *Du même auteur :* L'Inquisition, son rôle religieux, politique et social. 1 vol.
— Mahomet et son œuvre, par I. L. GONDAL, professeur d'apologétique et d'histoire au séminaire Saint-Sulpice. 1 vol.
— *Du même auteur :* L'Eglise Russe. 1 vol.
— Christianisme et Bouddhisme (*Etudes orientales*), par l'abbé THOMAS, vicaire général de Verdun. 2 vol.
— *Du même auteur :* Dieu auteur de la vie. 1 vol.
      id.   La Fin du monde d'après la Foi. 1 vol.
— Où en est l'hypnotisme, son histoire, sa nature et ses dangers, par A. JEANNIARD DU DOT, auteur du *Spiritisme dévoilé*. 1 vol.
— *Du même auteur :* Où en est le Spiritisme. 1 vol.
      id.   L'Hypnotisme et la science catholique. 1 vol.
      id.   L'Hypnotisme transcendant en face de la philosophie chrétienne. 1 vol.

— **L'Apologétique historique au XIX⁰ siècle. La Critique irréligieuse de Renan**, etc., par l'abbé Ch. DENIS. 1 vol.

— **Nature et Histoire de la liberté de conscience**, par l'abbé CANET. 1 vol.

— **L'Animal raisonnable et l'Animal tout court**, par C. de KIRWAN. 1 vol.

— **La Conception catholique de l'Enfer**, par l'abbé BRÉMOND. 1 vol.

— **L'Attitude du catholique devant la Science**, par G. FONSEGRIVE. 1 vol.

— *Du même auteur* : **Le Catholicisme et la Religion de l'Esprit.** 1 vol.

— **Du Doute à la Foi**, par le R P. TOURNEBIZE, S J. 1 vol.

— *Du même auteur* : **Opinions du jour sur les peines d'outre-tombe.** 1 vol.

— **La Synagogue moderne, sa doctrine et son culte**, par A. F. SAUBIN. 1 vol.

— *Du même auteur* : **Le Talmud et la Synagogue moderne.** 1 vol.

— **Evolution et Immutabilité de la doctrine religieuse dans l'Eglise**, par M. PRUNIER, supérieur de grand séminaire. 1 vol

— **La Religion spirite**, son dogme, sa morale et ses pratiques, par I. BERTRAND. 1 vol.

— *Du même auteur* : **L'Occultisme ancien et moderne.** 1 vol.

— **L'Hypnotisme franc et l'Hypnotisme vrai**, par le Docteur HÉLOT. 1 vol.

— **L'Eglise et le Travail manuel**, par l'abbé SABATIER. 1 vol.

— **Unité de l'espèce humaine**, *prouvée par la similarité des conceptions et des créations de l'homme*, p. le marquis de NADAILLAC. 1 vol.

— *Du même auteur :* **L'Homme et le Singe.** 2 vol.

— **Le Socialisme contemporain et la Propriété**, par M. G. ARDANT. 1 vol.

— **Pourquoi le Roman à la mode est-il immoral et pourquoi le Roman moral n'est-il pas à la mode ?** p. G. d'AZAMBUJA. 1 vol.

— **Comment se sont formés les Evangiles ?** par le P. Th. CALMES, professeur au grand séminaire de Rouen. 1 vol.

— **L'Impôt et les Théologiens**, *Etude philosophique, morale et économique*, par le comte de VORGES, ancien ministre plénipotentiaire, membre de l'Académie de Saint-Thomas, etc., etc. 1 vol.

— *Du même auteur :* **Les Ressorts de la Volonté et le libre arbitre.** 1 vol.

— **Nécessité mathématique de l'existence de Dieu.** *Explications. — Opinions, Démonstrations*, par René de CLÉRÉ. 1 vol.

— **Saint Thomas et la Question juive**, par Simon DEPLOIGE, professeur de l'Université Catholique de Louvain. 1 vol.

— **Premiers principes de Sociologie Catholique**, par l'abbé NAUDET. 1 vol.

— **La Patrie.** — *Aperçu philosophique et historique*, par J. M. VILLEFRANCHE. 1 vol.

— **Le Déluge de Noé et les races Prédiluviennes**, par C. de KIRWAN. 2 vol.

— **La Saint-Barthélemy**, par Henri HELLO. 1 vol.

— **L'Esprit et la Chair.** *Philosophie des macérations*, par Henri LASSERRE, auteur de *Notre-Dame de Lourdes*, etc., etc. 1 vol.

— **Le Levier d'Archimède ou la Mécanique céleste et le Céleste mécanicien**, par le R. P. ORTOLAN. 2 vol.

— **Ce que le Christianisme a fait pour la femme**, par G. d'AZAMBUJA. 1 vol.

— **L'Hypnotisme et la Stigmatisation**, par le Dr IMBERT-GOURBEYRE. 1 vol.

— **L'Education chrétienne de la Démocratie**, *essai d'apologétique sociale*, par CH. CALIPPE. 1 vol.

— **La Religion catholique peut-elle être une science ?** par l'abbé G. FRÉMONT. 1 vol.

— *Du même auteur :* **Que l'Orgueil de l'Esprit est le grand écueil de la Foi**, *Théodore Jouffroy, Lamennais, Ernest Renan.* 1 vol.

— **La Révélation devant la Raison**, par F. VERDIER, supérieur de Grand Séminaire. 1 vol.

— **Confréries musulmanes.** — *Histoire, Discipline, Hiérarchie*, par le R. P. PETIT. 1 vol.

— **Pratique de la Liberté de conscience dans nos Sociétés contemporaines**, par l'abbé CANET. 1 vol.

— **Comment peut finir l'Univers**, d'après la science, par C. de KIRWAN. 1 vol.

— **Les Théories modernes de la Criminalité**, par le Docteur DELASSUS. 1 vol.

— **Faillite du Matérialisme**, par Pierre COURBET, 3 vol. *se vendant séparément :*

I. — *Historique.* 1 vol.
II. — *Discussion ; l'atome et le mouvement.* 1 vol.
III. — *Discussion ; l'éther, les gaz, l'attraction. Conclusion.* — *Appendice.* 1 vol.

— **Le Globe terrestre**, par A. DE LAPPARENT, Membre de l'Institut, professeur à l'Ecole libre des Hautes Etudes, 3 vol. *se vendant séparément.*

I. — *La Formation de l'écorce terrestre.* 1 vol.
II. — *La nature des mouvements de l'écorce terrestre.* 1 vol.
III. — *La Destinée de la terre ferme et la Durée des temps.* 1 vol.

— **De la Connaissance du Beau**, *sa définition, application de cette définition aux beautés de la nature*, par l'abbé GABORIT, archiprêtre de la Cathédrale de Nantes. 1 vol.

— **Le Diable dans l'Hypnotisme**, par le docteur Ch. HÉLOT. 1 vol.

— **De la Prospérité comparée des nations protestantes et des nations catholiques**, *au point de vue économique, moral, social*, par le R. P. FLAMÉRION, S. J. 1 vol.

— **L'Art et la Morale**, par le P. SERTILLANGES, dominicain, docteur en théologie. 1 vol.

— **La Sorcellerie**, par I. BERTRAND. 1 vol.

— **Qu'est-ce que l'Ecriture sainte ?** *Les Livres inspirés dans l'antiquité chrétienne : Théorie de l'inspiration*, p. le P. Th. CALMES. 1 vol.

— **Les Morts reviennent-ils ?** par I. BERTRAND. 1 vol.

(*Demander la liste* **complète** *des volumes* **Science et Religion,** *parus à ce jour*).

ST-AMAND (CHER). — IMPRIMERIE DESTENAY, BUSSIÈRE

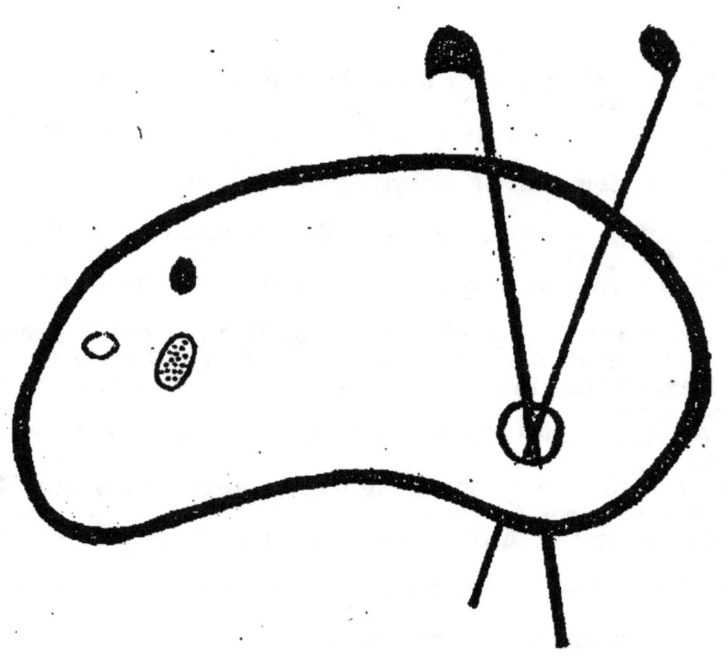

**FIN D'UNE SERIE DE DOCUMENTS
EN COULEUR**

AU GOLGOTHA

OU LES

DERNIERS MOMENTS DE JÉSUS

SCIENCE ET RELIGION
Etudes pour le temps présent

AU GOLGOTHA

OU LES

DERNIERS MOMENTS DE JÉSUS

PAR

l'Abbé Constantin CHAUVIN

Ancien professeur d'Ecriture sainte au Séminaire de Laval
Supérieur au Séminaire de Mayenne

PARIS

LIBRAIRIE B. BLOUD

4, RUE MADAME ET RUE DE RENNES, 59

1901

IMPRIMATUR

Valle Guidonis, die 25 julii 1901.

BATARD,

Vic. gen.

PREFACE

Cet opuscule fait suite au Procès de Notre-Seigneur Jésus-Christ.

Nous avons suivi l'Évangile pas à pas, l'étudiant à la lumière des saints Pères, de l'histoire profane et des traditions juives. Quelques monographies et des travaux spéciaux sur la matière ont été aussi mis par nous à contribution.

Voici les principaux auteurs consultés :

S. Thomas. — De passione et morte Christi, p. iii, quest. 46, 47, 50.

Lightfoot. — Horæ hebraïcæ et talmud.

Lipse. — De Cruce.

Gretser. — De Cruce Christi.

Nicquet. — Titulus s. Crucis.

Bartholin. — De Cruce Christi.

Curtius. — De Clavis dominicis.

Rohault de Fleury. — Mémoire sur les Instruments de la Passion.

Martin. — La Passion de Notre-Seigneur.

Gendry. — La voie douloureuse.

Vigouroux. — Le Nouveau Testament et les découvertes archéologiques.

Stapfer. — La Palestine.

» Jésus-Christ ; sa mort.

Ollivier. — La Passion.

Friedlieb. — Archéologie de la Passion.

Chauvin. — Commentaires sur les sept paroles du Christ.

» L'horaire de la Passion.

Marucchi. — *Art.* Croix *dans le* Dictionn. de la Bible (*Vigouroux*).

Beard. — *Art.* Cross *et* Crucifixion *dans la* Cyclopædia of biblical literature *de Kitto*.

Steenkiste. — In Matth. commentarius, t. III.

Réville. — Jésus de Nazareth, t. II.

Fouard, Le Camus, Didon, Lesètre, Fretté, Farrar, *et les auteurs connus des* Vies *de Jésus-Christ.*

Puisse ce petit livre instruire comme ses aînés, ranimer la foi dans l'esprit des fidèles, et surtout leur mettre au cœur plus d'amour pour la douce Victime du Golgotha !

Mayenne,
en la fête de l'Invention de la Sainte-Croix,
3 mai, 1901.

AU GOLGOTHA

ou

LES DERNIERS MOMENTS DE JÉSUS

PREMIÈRE PARTIE

LE VENDREDI SAINT, VERS MIDI

---

§ 1. — *Sur le chemin du Golgotha.*

Il était un peu plus de onze heures, — *hora quasi sexta*, remarque saint Jean (1), — lorsque Jésus Christ, dans la matinée du vendredi saint, fut une dernière fois montré par Pilate au peuple, et condamné officiellement à mort (2). Des écrivains modernes (3) ont prétendu que le procurateur « se tourna alors

(1) Cf. *Joan.*, xix, 14.

(2) L'expression (*hora quasi sexta*) du quatrième évangéliste permet de supposer que la « sixième heure » — de midi à trois heures du soir — n'était pas commencée encore, et que la « troisième » (cf. *Marc*, xv, 25) — de neuf heures du matin à midi — n'était point non plus terminée entièrement.

(3) Le P. Ollivier entre autres. Voir son ouvrage *La Passion*, p. 298.

vers la Victime en prononçant la terrible sentence, avec l'ordre également traditionnel : *I, lictor, expedi crucem !* Va, licteur, prépare la croix ! » Il n'est point sûr que ces formalités furent remplies.

D'abord Pilate, simple gouverneur, n'avait pas de licteurs à son service (1). Et puis la foule de plus en plus houleuse, trépignant d'impatience et de haine, était pressée d'en finir. Tout au plus le magistrat romain prit-il le temps de dicter au scribe le texte du *titulus*, sorte de planchette blanchie qu'on fixait à la croix pour indiquer aux passants le crime du supplicié : « Ecrivez, dit-il sèchement : *Jésus Nazaréen, roi des Juifs* ». — « Non pas *roi des Juifs*, — voulurent riposter les princes des prêtres, — mais plutôt : *qui s'est donné comme le roi des Juifs.* » — « N'importe ; ce qui est écrit est écrit », repartit vivement Pilate, et il se retira (2).

Aussitôt les soldats se saisissent du Condamné, lui enlèvent son manteau de pourpre et le revêtent de ses habits (3). Ils apportent une lourde croix, la chargent sur ses épaules, l'extrémité inférieure traînant à terre. On descend dans la rue et le sinistre cortège se forme. En tête un centurion ou un tribun à cheval (4) ; à ses côtés le héraut qui doit proclamer à haute voix le motif de la condamnation ; quelques légionnaires à droite et à gauche font la haie. Jésus alors s'avance, courbé sous le bois d'infamie ; à son cou pend l'écriteau blanc sur lequel se détache, gravée en trois langues, l'inscription : *Jésus Nazaréen, roi des Juifs* (5). Deux brigands qu'on crucifiera en même temps le suivent, traînant eux aussi l'instrument de leur supplice. La foule applaudit et ricane.

Il était un peu plus de onze heures et demie.

On s'engage dans le chemin qui conduit au lieu de l'exécution. Ce chemin était à peu près le même dans sa direction générale que la *Via dolorosa* actuelle (6).

(1) Cf. FRIEDLIEB, *Archéologie de la Passion*, p. 162.
(2) Cf. *Joan.*, XIX, 19, 21, 22.
(3) Cf. *Matt.*, XXVII, 31 ; *Marc*, XV, 20.
(4) Cf. TACITE, *Annal.*, III, 14 ; Sénèque, *De ira*, I, 16.
(5) Cf. FRIEDLIEB, *op. cit.*, p. 163.
(6) Cf. OLLIVIER, *La Passion*, pp. 301-306.

Arrivé au détour d'une rue, le Sauveur chancelle et tombe. Un homme qui passait, revenant de la campagne, est aussitôt réquisitionné pour aider le Condamné à porter sa croix. Il s'appelait Simon et était originaire de Cyrène. De bonne ou de mauvaise grâce il se prêta à la corvée qu'on lui demandait (1). Le cortège qui avait dû s'arrêter un instant reprit sa marche.

Un peu plus loin Jésus rencontra la très sainte Vierge, qu'accompagnaient Madeleine et le disciple bien-aimé. Le Fils et la mère échangèrent un regard où passèrent toute leur âme, avec une force de compatissance et de tendresse qu'il nous est impossible de comprendre. Une tradition veut que la pauvre mère ait défailli alors sous le poids du sacrifice (2). La piété de nos pères éleva à cet endroit une église désignée encore sous le nom de *Notre-Dame du Spasme* (3).

On approchait de la porte de la ville quand le funèbre cortège croisa quelques femmes de Jérusalem, à qui la vue du Christ haletant, brisé, déjà presque expirant de fatigue et de souffrance, arracha des gémissements et des larmes. Jésus les aperçut, et cherchant à les consoler du regard : « Ne pleurez pas sur moi, dit-il, filles de Jérusalem ; pleurez plutôt sur vous et sur vos enfants. Voici venir les jours où l'on dira : Heureuses les épouses stériles ! Heureux les flancs qui n'ont pas engendré ! Alors on criera aux montagnes : Tombez sur nous ! et aux collines : Couvrez nous ! Car si l'on traite ainsi le bois vert, qu'adviendra-t-il du bois sec ? » (4).

La tradition raconte que l'une de ces femmes compatissantes — appelée Véronique — s'avança tenant en mains un linge trempé d'eau fraîche, et qu'elle le porta respectueusement au visage de Jésus couvert de poussière et de sueur. Et quand elle rentra dans sa demeure, tremblante d'émotion et de crainte,

(1) Cf. *Matt.*, xxvii, 32 ; *Marc*, xv, 21 ; *Luc*, xxii, 26.
(2) Cf. Ollivier, *op. cit.*, p. 312.
(3) Cf. Zanecchia, *La Palestine*, t. I, p. 343.
(4) Cf. *Luc*, xxii, 27-31.

quelle ne fut pas sa surprise en apercevant nettement imprimée sur le linge la face auguste de l'Homme-Dieu ! C'était la récompense de son courage et de sa piété (1).

Cependant le cortège franchit l'enceinte de Jérusalem. D'après la loi (2) on devait toujours faire les exécutions capitales en dehors des villes ou des villages. On sortit très probablement par la porte *Djennath*, ou « des jardins », ainsi nommée parce que de nombreux jardins se trouvaient dans le voisinage. Elle s'ouvrait vers le nord-ouest au point de jonction du premier et du second mur d'enceinte, près du carrefour des routes de la vieille et de la nouvelle ville (3). C'est elle qui donnait accès le plus directement au tertre du Golgotha (4).

Il était midi, quand Jésus arriva au lieu de l'exécution. C'était précisément l'heure où les enfants d'Israël préparaient, ce jour-là, le sacrifice de l'agneau pascal.

§ 2. — *Qu'était ce que le Golgotha ?*

Ce n'était ni une montagne, ni une colline, mais une toute petite éminence, émergeant du sol à une hauteur de quatre ou cinq mètres, au milieu de ter-

(1) Le *Santo Volto* a été conservé jusqu'à nos jours. On le vénère à Rome dans la basilique vaticane. Cf. MARTIN, *Les reliques de la Passion.* Append. IV. — Sur cette image le Sauveur n'a pas la couronne d'épines. Sa figure porte la trace des souillures dont les Juifs et les soldats l'avaient couverte ; une des joues paraît meurtrie ; le nez est long et un peu aplati ; la bouche est entr'ouverte, les lèvres sont tuméfiées et la barbe est arrachée à certains endroits. Le tableau produit encore un effet puissant. Chaque année on le montre aux fidèles du haut du balcon de la chapelle de sainte Hélène, sous la coupole de Saint-Pierre.

(2) Cf. *Heb.*, XIII, 11-13, coll. *Levit.*, XVI, 27 ; XXIV, 23.

(3) Cf. STAPFER, *La Palestine,* pp. 56-57.

(4) Voir RIESS, *Bibel-Atlas,* Bl. VIII.

rains vagues et de jardins, près des murs du nord-
ouest de Jérusalem (1).

Pourquoi donnait-on à ce rocher le nom de
Golgotha, que saint Matthieu et saint Marc (2) tra-
duisent par *Calvaire*? Le bon frère Liévin, dans son
Guide indicateur des lieux historiques de Terre sainte (3),
affirme que l'éminence du Golgotha fut ainsi appelée
parce qu'on y avait déposé jadis le corps du premier
homme, et que son crâne (4) y était encore au moment du déicide. Le docte franciscain n'a point
inventé cela. On retrouve cette opinion dans l'antiquité. « Une tradition, dit Origène, enseigne qu'Adam
fut enseveli au Calvaire. » Mais que valait cette « tradition » ? L'illustre Alexandrin ne la discute pas ; il
l'adopte ou semble l'adopter. D'autres Pères l'ont
embrassée après lui. Plusieurs même pour la défendre
mettent en avant des raisons de haute convenance.
Saint Ambroise, toujours partisan de l'allégorie, a
écrit : « Il convenait que le Christ, source et principe
de vie surnaturelle, fût crucifié auprès de Celui qui
fut principe de mort. » Le rapprochement peut être
ingénieux ; suffit-il comme preuve dans l'espèce ?
Nullement. Saint Jérôme, en avisé critique qu'il était,
ne s'abusa point sur la prétendue légende du tombeau
d'Adam au Calvaire : « Elle sourit au peuple, disait-il,
mais elle n'est pas fondée ».

En effet, si Adam avait été enseveli au Golgotha,
comprendrait-on que les Juifs eussent profané sa
sépulture en y suppliciant les condamnés ? Nous
ignorons où fut enterré notre premier père (5),

---

(1) Cf. LEGENDRE, *Le Saint-Sépulcre depuis l'origine
jusqu'à nos jours*, p. 9. — La hauteur du rocher du Calvaire est la même aujourd'hui qu'autrefois. On y accède
par un escalier de dix-huit marches dont chacune mesure
de 22 à 25 centimètres ; ce qui donne précisément une
élévation de 4 à 5 mètres.

(2) Cf. *Matt.*, XXVII, 33 ; *Marc*, XV, 22.

(3) Page 247, éd. 3e.

(4) Κρανίον, d'où *Calvaire, mons cranii*.

(5) Le P. Ollivier (dans *La Passion*, p. 329, note 2) se
trompe en affirmant que le livre de *Josué*, XIV, 15, fixe
la sépulture d'Adam à Cariath-Arbé, plus tard Hébron, où

mais il n'est ni démontré, ni même vraisemblable, qu'il l'ait été au Calvaire. Aujourd'hui très peu de commentateurs admettent ce sentiment. Ce sont surtout les peintres et les sculpteurs — par esprit de tradition et sans trop savoir pourquoi — qui s'obstinent à mettre une tête de mort et des ossements croisés au pied du crucifix.

Deux autres opinions — plus admissibles — ont été proposées pour expliquer l'origine du mot « Golgotha ».

Voici la première : « Le Calvaire fut appelé *crâne*, *tête* (en araméen *gulgoltá*, en hébreu *gulgolêt*, du verbe *gâlal*, « rouler »), parce que ce lieu était affecté aux exécutions (1) ». C'était l'avis de saint Jérôme, que plusieurs suivent aujourd'hui. N'est-ce point à tort ? Comment expliquer dans cette hypothèse que les évangélistes disent tous au singulier : « Golgotha le lieu *du crâne*, et non le lieu *des crânes* », au pluriel (2) ? Saint Luc, plus explicite, écrit même tout simplement κρανίον, *le crâne*.

Mais est-il vrai, comme on semble le supposer, qu'il y ait eu des crânes ou des ossements sur le Golgotha ? Non. La loi de Moïse ne l'aurait certes pas toléré, et les Juifs, si minutieux observateurs de leur *Torah* ne l'auraient pas souffert. Passant et repassant fréquemment sur la route du Calvaire, ils se fussent souillés au contact des morts, et l'on sait combien grands, puérils même, étaient leurs scrupules sous

reposent également Abraham, Jacob, etc. L'hébreu au passage cité porte mot à mot : Le nom d'Hébron [était] autrefois Qiriath-Arba ; [nom d'un] homme (hââdâm) très grand parmi les Enacim. La Vulgate a traduit ce verset ainsi : « Nomen Hebron ante vocabatur Cariath-Arbe : *Adam maximus* ibi inter Enacim situs est .», d'où la tradition, qu'adopte le P. Ollivier, relative à la sépulture d'Adam dans la ville d'Hébron. Pour avoir la lumière là-dessus il suffit de se reporter au texte original.

(1) Cf. Friedlieb, *op. cit.*, p. 172.

(2) Cf. *Matt.*, xxvii, 33 : ὅ ἐστιν κρανίου τόπος, en place de κρανίων τόπος.

ce rapport (1). Rien ne nous autorise donc à croire que des crânes ou des débris humains quelconques aient été laissés à la vue de tous sur les flancs du Golgotha.

Au surplus, nombre de critiques modernes répondent que les Juifs n'avaient pas d'emplacement pour les exécutions capitales (2). Cette raison cependant ne paraît pas convaincante. Sans doute ni la *Torah* ni le Talmud ne prescrivaient rien à cet égard ; il suffisait que le coupable fût supplicié hors de la ville ou du village (cf. *Lev.*, XVI, 27). Mais s'ensuit-il que les Jérosolymitains n'eurent point, en dehors de la cité, un lieu particulièrement affecté aux exécutions des criminels ? Non. Le choix d'un endroit ainsi réservé était affaire d'arrangement spécial. Liberté pleine et entière était laissée à chaque ville. Une chose sûre, c'est qu'on préférait infliger la peine capitale — crucifiement, lapidation, etc , — dans les endroits où passait le grand public, au bord des routes fréquentées, le long des chemins les plus suivis, très souvent dans le voisinage des portes qui servent en Orient, comme chacun sait, à de nombreux et populaires rendez-vous. Est-il donc invraisemblable que l'éminence du Golgotha, qui se dressait vers le nord au carrefour des deux routes de Jaffa et de Damas, ait été choisie de préférence pour le théâtre ordinaire des exécutions, surtout des exécutions par le supplice de la croix ? On tenait beaucoup à ce que les crucifiés fussent exposés aux regards, aux insultes, à l'ignominie. Or, le tertre du Cal-

(1) Les Samaritains, ennemis des Juifs, s'en amusaient fort. Un jour ils exploitèrent ces scrupules pour se passer la fantaisie de déplaire une fois de plus à leurs adversaires. C'était sous le procurateur Coponius, un des prédécesseurs de Pilate. Quelques-uns d'entre eux se glissèrent de nuit dans le temple de Jérusalem pendant les fêtes de Pâques ; ils répandirent sur le pavé des ossements d'hommes et d'animaux. Légalement l'habitation de Jéhovah demeurait souillée ! Donc le lendemain les prêtres ne purent entrer pour officier. On devine la colère des Juifs, des pharisiens surtout. Ce fut un événement !

(2) Voir Lesêtre dans le *Dictionnaire de la Bible* de Vigouroux, t. II, col. 77.

vaire était un passage des plus propices ; pèlerins de Galilée, marchands de Damas, caravanes du désert, voyageurs de toute sorte, cheminaient par là et entraient de ce côté dans Jérusalem. Au reste, il n'y avait guère ailleurs de lieu plus favorable, ni sur les pentes raides du ravin de Cédron, ni sur les flancs de la vallée d'Hinnom, ni à l'ouest au bord de la piscine qui se trouvait en face de la muraille. En tout cas, si le Golgotha ne tire point son nom de ce fait que les criminels y étaient ordinairement suppliciés, — et tel est notre avis, — on ne saurait en donner comme preuve certaine que les exécutions capitales, principalement la crucifixion, n'avaient point lieu là d'ordinaire.

Nous admettons que le Calvaire (= le Κρανίον) était ainsi nommé, parce que sa configuration générale et sa plate-forme dénudée lui donnaient assez l'aspect d'un « crâne ». Ce qui nous confirme dans ce sentiment, c'est la double autorité de saint Luc et de saint Cyrille de Jérusalem. Ce dernier, mieux placé que personne pour le savoir, affirme que telle était bien la raison d'être du mot *Golgotha* dans la langue des Juifs, et le troisième évangéliste, en remarquant que la colline, où Jésus fut conduit, s'appelait le » Crâne » (1), paraît vouloir citer le terme même dont le populaire se servait pour désigner, à cause de sa forme, le tertre en question (2). — Cette explication du mot « Golgotha » (= Κρανίον) est celle de la plupart des interprètes aujourd'hui.

Jésus arriva au sommet de la petite éminence exténué, à bout de forces. Pour lui redonner quelque énergie, et surtout pour l'assoupir et diminuer ses douleurs, on lui présenta un vin aromatisé de myrrhe et d'encens (3). Le Sauveur ne fit qu'approcher ses

(1) Cf *Luc,* xxii, 33.
(2) Ne disons-nous pas aussi en montrant certains pics des Pyrénées ou des Alpes : « la tête », la « dent », le « col », « l'aiguille » ?
(3) Cf. *Matt.,* xxvii, 34 ; *Marc,* xv, 23. — C'était un usage juif, qu'autorisait un passage des *Proverbes* (cf. xxxi, 6) et que le Talmud consigna plus tard en ces termes : « A

lèvres de la coupe et refusa de boire. Au même moment on le déchargea de sa lourde croix.

§ 3. — *Description de la croix de Jésus.*

De quel bois cette croix était-elle faite ? Saint Antonin assure que le bois était du noyer. Pourquoi ? Je l'ignore. Un critique souvent cité sur la question, Juste Lipse, estime que la croix dut être plutôt en chêne ; ses raisons (1) ne sont pas convaincantes. D'autres auteurs — que pourront suivre ceux qui aiment à concilier toutes les opinions — prétendent que la croix se composait de trois sortes de bois ; la tige aurait été en cyprès jusqu'à l'inscription ; la traverse, en cèdre ; la partie supérieure au-dessus de la traverse, en pin. Avec Juste Lipse nous estimons tout cela *curiose magis dictum quam vere* (2).

Cette diversité de sentiments surprend de prime abord, car s'il est vrai que nous possédons encore des fragments de la vraie croix, quoi de plus facile que de les examiner, même de les soumettre au besoin à l'analyse ? Mais pour plusieurs raisons cette analyse est malaisée à faire.

Parmi les savants, l'avis général est que le bois de la croix provenait d'un conifère et, selon toute vraisemblance, ce conifère était un pin. La Palestine produisait certainement cette essence d'arbre. Isaïe ne parle-t-il pas d'un bûcheron portant la cognée au pied du pin qu'il avait planté, et que la pluie avait fait croître (3) ? « D'ailleurs, observe justement Rohault de Fleury (4), en supposant que le pin em-

celui qui doit mourir tu donneras à boire une coupe de vin avec un grain d'encens, afin qu'il perde conscience ».

(1) Cf. *De Cruce*, lib. III, p. 157, Amstelodami, 1670.
(2) *Ibid.*
(3) *Is.*, XLIV, 14.
(4) *Mémoire sur les instruments de la Passion de Notre-Seigneur Jésus-Christ*, p. 63.

ployé pour la vraie croix ne fût pas originaire de Palestine, il est aisé d'admettre que les peuples qui faisaient le commerce du monde, et qui en avaient apporté à Carthage, en fournissaient alors à la Judée. » Une tradition, encore existante à Jérusalem, montre l'endroit où s'élevait l'arbre qui servit au supplice du Sauveur. Ce lieu se trouve à la bifurcation des deux routes conduisant actuellement à Aïn-Càrim et à Aïn-Haniyé. Un couvent, dit couvent de Sainte Croix, rappelle et marque cet emplacement traditionnel. Evidemment cette tradition, quoique « très ancienne » (1), n'est point de celles qui exigent la foi.

Quelle forme présentait la croix de Notre-Seigneur Jésus-Christ ? — Les anciens avaient une manière de crucifier qui épouvante, tant elle était cruelle. C'était le supplice du pal. *Cogita cruces*, écrivait Sénèque avec une crudité de langage que nous ne voulons pas traduire, *et adactum per medium hominem, qui per os emergat, stipitem* (2) !

Tel ne fut point le supplice de Jésus. Sa croix était de celles sur lesquelles on attachait la victime par les pieds et par les mains. Les prophètes avaient annoncé (3) qu'on le crucifierait ainsi, et les évangélistes confirment les prophètes : « Ils le crucifièrent..... et le *transpercèrent*. » Après sa résurrection Jésus pouvait montrer à Thomas incrédule les plaies béantes de ses mains et de ses pieds : *Vide manus meas....* *Infer digitum tum huc* (4).

Par conséquent, la croix du Sauveur ne se composait pas d'un seul morceau, mais de deux, entaillés l'un dans l'autre et se croisant.

On distinguait quatre sortes de croix : la croix en forme de X, ou *crux decussata* (croix de saint André) ; la croix en forme de T, ou *crux commissa* ; la croix grecque, dont le montant est coupé exactement au milieu par la traverse, +; enfin la croix ordinaire +, ou *crux capitata, immissa*.

(1) Socin-Bædeker, *Palestine et Syrie*, p. 293.
(2) *Epist. XIV.*
(3) *Ps.* XXI, 17; *Zachar.*, XII, 10; XIII, 6.
(4) Cf. *Joan.*, XX, 27.

Quoi qu'en dise Calmet, s'autorisant de Tertullien, de saint Jérôme, de saint Paulin, etc., nous ne croyons point que Notre-Seigneur fut attaché à une croix *commissa*, ou en forme de T. Ce sentiment a été repris et soutenu par quelques modernes, mais les preuves qu'on en donne ne sont guère concluantes. Nous préférons suivre l'opinion traditionnelle, d'après laquelle la croix de Jésus fut une croix *capitata* ou *immissa*. « C'était un bois droit, — écrivait dès le second siècle le philosophe martyr, saint Justin, — dont la partie supérieure s'élevait en forme de corne ; une traverse de bois lui était adaptée ; de chaque côté deux autres cornes semblaient jointes à la première. Une saillie était encore placée vers le milieu ; elle servait de repos et d'appui pour le crucifié. » Cette description concorde avec ce que nous apprennent de leur côté saint Irénée et saint Augustin (1).

La croix se composait donc d'un montant avec une traverse horizontale, laissant dépasser le sommet de la tige verticale. C'est à cette extrémité supérieure qu'on suspendait l'inscription portant le nom et le crime du supplicié. Calmet prétend que le dessus ou le sommet de la croix de Jésus n'était qu'un bois postiche auquel on fixa la tablette en question. Le savant bénédictin affirme cela sans preuves. Il est bien plus simple d'admettre que la tête du montant, au-dessus de la traverse, faisait partie de la croix elle-même. D'ailleurs, au point de vue pratique, l'assemblage à mi-bois de la traverse sur le montant était plus solide ; une seule cheville suffisait pour tout joindre et tout maintenir « Lorsque saint Pierre fut

(1) Le premier écrit : *Fines et summitates habet (crux Domini) quinque, duos in longitudine, duos in latitudine, unam in medio.* Saint Augustin s'explique mieux, ce semble. Commentant au sens spirituel le texte de saint Paul : *Ut possitis comprehendere... quæ sit latitudo et longitudo, et sublimitas et profundum,* l'évêque d'Hippone fait cette remarque : *Erat latitudo, in qua porrectæ sunt manus ; longitudo a terra surgens, in qua erat corpus infixum ; altitudo ab illo innexo ligno sursum quod eminet ; profundum ubi fixa erat crux, et ibi omnis spes vitæ nostræ.* Cf. JUSTE LIPSE, *op. cit.*, pp. 44, 45.

crucifié la tête en bas, observe Rohault de Fleury, on n'avait pas fait une croix exprès pour lui ; or, elle avait une tête afin de pouvoir être scellée en terre (1) ».

Très souvent les peintres et les sculpteurs donnent à la croix de Jésus-Christ une hauteur et des dimensions exagérées. Je sais que pour certains criminels on réservait en effet des croix très hautes. Celle qu'on destina à Mardochée avait cinquante coudées (2). Suétone rapporte que Galba faisait attacher les grands coupables à des croix très élevées (3), mais c'étaient là des exceptions. Ordinairement, les croix étaient basses. Plaute laisse entendre qu'on pouvait y monter *en courant* (4). Aussi les animaux, — chiens et chacals, — pouvaient-ils souvent dévorer les pieds et les entrailles des crucifiés (5). Une preuve que la croix de Jésus était peu élevée, c'est que les Juifs lurent facilement, malgré les ténèbres, l'inscription en hébreu, en grec et en latin, que Pilate avait ordonné de suspendre au sommet (6).

Si la croix avait été haute on comprendrait mal que Jésus, de sa voix mourante, ait conversé avec sa mère et le disciple vierge. Ajoutons que le *crurifra-gium*, dont parle l'Evangile, ne s'explique que dans l'hypothèse d'une croix assez basse ; or, les croix des larrons dont on brisa les jambes devaient ressembler à celle de Jésus. Un autre détail nous confirme dans ce sentiment, c'est qu'un soldat put approcher des lèvres du Christ expirant une éponge imbibée de vinaigre, et fixée au bout d'une tige d'hysope ? Comment le Romain aurait-il atteint les lèvres du Sauveur, si la croix avait été élevée beaucoup au-dessus du sol ?

(1) Rohault de Fleury, *op. cit.*, p. 68.
(2) Cf. *Esther*, v, 14.
(3) *In Galb.*, xi.
(4) « Ego, — ce texte est devenu classique en la matière — dabo ei talentum primus qui *in crucem excurrerit* ».
(5) On lit dans Apulée: *Cum canes et vultures intima protrahunt viscera......*
(6) Cf. *Joan.*, xix, 20.

Communément on admet que la croix de Jésus mesurait environ 4ᵐ,50 c. de hauteur. D'aucuns vont jusqu'à 4ᵐ,80. La traverse pouvait avoir 2ᵐ,25 c. de longueur ; plusieurs disent même, 2ᵐ,30 c. (1).

Précisons. Si l'on a égard, observe Rohault de Fleury, 1º à la taille de Notre-Seigneur, qui fut celle d'un homme ordinaire ; 2º à l'étendue des bras ; 3º à la hauteur du sommet de la croix où s'attachait d'ordinaire l'inscription (*tabella*) ; 4º à l'élévation du support (*sedile*) au-dessus du sol, assez bas pour livrer les entrailles de la victime à la dent des bêtes ; 5º au scellement nécessaire ; — on est conduit à donner :

A la tête de la croix	2 coudées	ou 0ᵐ,90
Au montant, depuis la traverse jusqu'au support	5 —	ou 2ᵐ,25
Depuis le support jusqu'au sol .	1 —	ou 0ᵐ,45
Au scellement dans le sol. . .	2 —	ou 0ᵐ,90

Des exégètes condamnent, d'après cela, les échelles et les escabeaux que les peintres imaginent pour le crucifiement de Jésus ou pour la descente de croix. Nous ne serons pas aussi sévère. Pour plus de commodité, les bourreaux purent prendre quelques échelles. Mais il convient d'observer que ni le texte sacré ni la tradition n'en parlent.

(1) Pour plus de détails voir Vigouroux, *Le Nouveau Testament et les découvertes*, p. 172. — « On a calculé, dit le même auteur, que la croix devait avoir un poids total d'environ 100 kilogrammes. Comme elle traînait à terre, il en résultait une diminution de poids qu'on peut évaluer de 25 à 30 kilog. Jésus avait donc encore à porter de 70 à 75 kilog., et cela pendant un trajet de 5 à 600 mètres, depuis le prétoire jusqu'au Golgotha. » — *Ibid.*

§ 4. — *Jésus mis en croix.*

Il était midi quand les bourreaux s'apprêtèrent à crucifier Jésus. Comment s'y prirent-ils ?

Ils dépouillèrent d'abord la Victime de ses vêtements. C'était l'usage, et l'Évangile l'insinue (1). Estce à dire que le Christ « fut exposé nu à la vue de l'immense foule des spectateurs » ? Notre piété se révolte à cette pensée.

La plupart des critiques modernes admettent pourtant que Jésus fut dépouillé jusqu'à la nudité complète. « Quelque pénible que soit cette assertion, observe le P. Ollivier (2), il nous faut bien l'accepter comme justifiée par les témoignages les plus autorisés. » On cite, en effet, à l'appui, maintes expressions des écrivains du paganisme. Artémidore d'Éphèse, dans son ouvrage sur les songes, dit positivement que les crucifiés sont « cloués tout nus » au bois d'infamie. L'historien grec Arrien est plus expressif encore, car il compare le crucifié sur la croix à l'homme qui descend nu dans le bain. La loi romaine d'ailleurs attribuait aux bourreaux tous les habits du supplicié. Aussi nombre de Pères de l'Eglise, saint Anathase, saint Ambroise, saint Cyprien, saint Augustin, etc., admettent-ils que Jésus fut attaché entièrement nu au gibet fatal.

Le Pape Benoît XIV adopte ce sentiment, et traite de pieuse légende l'opinion de ceux qui prêtent à sainte Véronique, à la sainte Vierge, ou à une autre sainte femme, la charité d'avoir couvert le Sauveur d'un voile à l'heure du crucifiement.

On nous permettra d'être d'un avis contraire. D'abord, le témoignage d'Artémidore n'est pas absolument convaincant. Le terme qu'il emploie (γυμνοί),

____

(1) Cf. *Math.*, xxvii, 35 ; etc.
(2) *Op. cit.*, p. 335.
(3) Γυμνοὶ σταυροῦνται, dit-il. Lib. II, cap. v.

comme l'hébreu *'arom* (1), n'a point le sens absolu qu'on suppose. Sous la plume des classiques, de Xénophon par exemple, d'Hésiode, d'Élien, etc., le mot « nu » qualifie assez ordinairement l'homme qui s'est dépouillé de ses habits extérieurs, ou encore l'indigent qui est mal vêtu. Le latin *nudus* a la même signification. S'adressant au laboureur, Virgile disait en ce sens: *Nudus ara, sere nudus.* Et Sénèque : *Qui male vestitum et pannosum videt, nudum se vidisse dicit.* Ne pressons donc pas trop l'expression d'Artémidore (2). Si d'ailleurs les crucifiés étaient *ordinairement* dépouillés de tout vêtement, on accordera qu'il y avait des exceptions. Justin en cite un exemple, celui du Carthaginois Cartalo, qui fut crucifié avec ses ornements.

Ces exceptions furent même beaucoup plus fréquentes chez les Romains que chez les Grecs. Ceux-ci ne s'offusquaient guère d'une nudité, tandis que ceux-là, en public au moins, se montraient assez sévères. C'est Cicéron qui nous l'apprend. Plus que les Romains encore, les Juifs affectaient une grande réserve à cet égard (3).

La Ghémara de Babylone nous dit qu'à Jérusalem une association de charitables femmes s'était

---

(1) Cf. Gesenius, *Thesaurus*, p. 1071.

(2) Quant à la phrase d'Arrien, elle n'a pas non plus toute la portée qu'on lui attribue. En voici la traduction exacte : « In balneo exutus vestibus et extendens teipsum, *ut solent crucifixi* friceris hinc et hinc ». Or, est-il nécessaire de rattacher l'incise : *ut solent crucifixi,* aux premiers mots de la phrase : *in balneo exutus vestibus ?* Ne se réfère-t-elle pas plutôt et exclusivement à *extendens teipsum ?* Comp. Knabenbauer, *Comm. in Matt.,* t. II, pp. 521, 522.

(3) Nous lisons dans un chapitre du Talmud (*Sanh.*, vi, 3) relatif à la lapidation : « Cum jam quatuor cubitis a loco lapidationis abesset, denudant eum vestibus, *virumque tegunt a parte priori,* fœminamque et a priori et a posteriori. Hæc sunt verba R. Judæ ». Il est vrai que d'autres rabbins étaient moins scrupuleux : « At sapientes dixerunt: Vir lapidatur *nudus,* fœmina autem non nuda ». Mais l'expression *nudus* peut n'avoir ici qu'une portée relative, comme dans les textes de Virgile et de Sénèque.

imposé le devoir d'accompagner jusqu'au lieu du supplice les condamnés à mort.

Elles leur offraient, avec la permission des soldats romains, le *myrrhatum vinum* qui devait endormir leurs dernières douleurs. Comment ces pieuses femmes n'auraient-elles point cherché aussi à recouvrir d'un voile, d'un *linteum* quelconque, la nudité du divin patient? Saint Jean, Marie-Madeleine, Marie Cléophas et la très sainte Vierge étaient là. A qui fera-t-on croire que saint Jean par exemple — *qui erat notus pontifici* — n'implora point la pitié des bourreaux, les suppliant qu'on ne condamnât pas l'innocent Jésus à la plus humiliante des hontes? Selon nous, les artistes ont raison, même au point de vue historique, de revêtir le Christ sur la croix d'un *linteum*. Aux premiers siècles, les peintres le représentaient toujours avec le *colobium*, sorte de tunique sans manches, descendant jusqu'aux pieds (1).

Il est donc probable que Jésus ne fut pas réduit sur la croix à une nudité complète (2)

Lui-même se livra aux bourreaux sans la moindre résistance. Isaïe l'avait annoncé: « Comme une brebis il se laissera conduire à la mort ; comme un agneau sous la main qui le tond, il ne proférera pas un cri... Il a été immolé, parce qu'il l'a voulu » (3).

Se coucha-t-il sur la croix étendue à terre, ou bien se laissa-t-il hisser par des soldats au moyen de cordages sur le gibet dressé d'avance et fixé dans le sol? Les évangélistes ne précisent pas. Quelques critiques soutiennent que le Sauveur fut attaché à la croix par terre. Je m'étonne que Rohault de Fleury, Le Camus, le P. Ollivier, Stapfer, etc., pour ne citer que des écrivains français, soient de cet avis, et le défendent comme le seul conforme à l'histoire. Il est aussi vrai d'admettre que Jésus-Christ fut élevé d'abord

---

(1) Cf. MARTIGNY, *Diotionn. des antiq. chrét.*, p. 228, éd 2.

(2) A tout prendre, les Pères de l'Eglise n'y contredisent pas. Leurs témoignages qu'on rapporte, ne s'entendent point rigoureusement dans le sens où on les explique d'ordinaire, comme le montre le P. KNABENBAUER, *op. cit.*, t. II, p. 522.

(3) *Is.*, LIII, 7.

sur la croix déjà dressée et cloué ensuite à l'arbre fatal. C'était le procédé *le plus ordinaire*. Quatre soldats tiraient le patient à l'aide de grosses cordes, le soulevaient en ricanant jusqu'au chevalet (*sedile medium*) placé vers le milieu du montant vertical; puis ils le fixaient solidement par des liens au bois de supplice ; enfin ils lui enfonçaient successivement dans chaque main et dans chaque pied de longs et énormes clous. Voilà pourquoi les anciens, au lieu d'employer le verbe *crucifigere*, disaient : *tollere in crucem* ; conséquemment, au lieu de *crucifigi*, ils disaient : *ascendere equitare, salire in crucem* (1). Pourquoi aurait-on, par une sorte d'exception, dérogé à la coutume *ordinaire* et crucifié différemment le Sauveur ?

Ce n'est certes point la tradition qui autorise à le penser. Les Pères de l'Eglise — sans en excepter saint Barnabé qui n'affirme point « absolument le contraire », quoi qu'on en ait dit (2) — laissent entendre positivement que Jésus fut attaché à la croix, après que celle-ci eut été scellée dans le roc (3).

Nous avons parlé d'un chevalet ou *sedile* (πῆγμα), qui saillant au milieu de la croix et passant entre les jambes de la victime, servait d'appui au supplicié. De nos jours plusieurs ont nié l'existence de ce support sur la croix de Jésus. D'après Sepp, les croix fixes seulement, celles qui restaient dressées au bord des routes, — étaient pourvues d'un πῆγμα. mais les croix ordinaires ne l'avaient point. Le docteur allemand explique ainsi pourquoi les monuments de l'antiquité chrétienne ne le représentent jamais. Malgré cela nous persistons à croire que le chevalet en question existait au milieu de toutes les croix (4). On l'avait inventé dans

(1) Juste Lipse, *op. cit.*, pp. 83-86. Comp. Josèphe, *De bell. jud.*, 7, 6, 4 ; Cicéron, *In Verrem*, 5, 66.

(2) Cf. Ollivier, *op. cit.*, p. 331. En ce passage le savant dominicain exagère. D'après le contexte du chap. xii de sa lettre, saint Barnabé n'enseigne point que Jésus fut cloué sur la croix *étendue par terre*.

(3) Cf. Niquet, *Historia tituli s. Crucis*, cap. xix, pp. 134-136.

(4) N'est-ce pas à ce *sedile* que Sénèque fait allusion dans ce passage (*epist.* 101) :

un but humanitaire. Appuyé sur cette cheville, le crucifié pouvait mieux se soutenir ; ses pieds et ses mains
cloués ne se déchiraient plus autant sous le poids du
corps. Que les peintres et les sculpteurs n'aient point
reproduit ce détail trop réaliste pour des raisons
d'esthétique et de convenance, nous le comprenons ;
mais on avouera que les Pères — saint Justin (1), saint
Irénée, Tertullien, — en ont trop clairement parlé
pour que nous ne nous rangions point à leur avis.

Il s'ensuit que le *suppedaneum* (ὑποπόδιον) mis par
les artistes sous les pieds de Jésus, en place du
sedile, n'a aucune raison d'être. C'est à tort que
Juste Lipse, Gretser et d'autres savants en ont admis
l'existence. Les passages des Pères, sur lesquels se
fonde cette opinion, si on les soumet au contrôle
d'une sage critique, ne paraissent nullement concluants (2). Le premier écrivain ecclésiastique qui
ait parlé du *suppedaneum* est Grégoire de Tours (3).
D'ailleurs l'existence de se *support* serait en opposition
avec certains passages du Nouveau Testament où nous
lisons que Jésus fut *suspendu* au bois de la croix (4) ;
ce qui ne serait plus rigoureusement vrai, si le *suppedaneum* avait soutenu ses pieds (5).

Les bourreaux ramenèrent donc légèrement en
arrière l'extrémité inférieure des jambes du Sauveur,
de manière que la plante des pieds adhérât bien au
montant de la croix. Alors, de leurs lourds marteaux,

Vita dum superest, bene est ;
Hanc mihi vel *acuta*
Si sedeam cruce, sustine.

(1) Saint Justin s'exprime sans détours à cet égard :
« Quod in medio figitur *cornu instar* et eminet, *in quo vehuntur* (ἐφ'ῷ ἐποχοῦνται) *qui crucis supplicium subeunt.*
(2) Cf. Martigny, *Op. cit.*, p. 229.
(3) Cet écrivain, après avoir expliqué comment le *suppedaneum* était fixé au bas de la croix, ajoute : *Super hanc
vero tabulam, tanquam stantis hominis, sacræ adfixæ sunt
plantæ.*
(4) Cf. *Act.*, v, 30 ; *Gal.*, iii, 13.
(5) Sur cette question voir Bartholini, *De Cruce*, hypomnema 1 : *De sedili medio*, pp. 17-68.

ils enfoncèrent dans les chairs du patient d'énormes clous.

§ 5. — *Les quatre clous.*

Personne chez les catholiques ne met en doute la perforation des mains et des pieds du Christ. Les prophéties à cet égard sont trop claires ; l'Évangile surtout (cf. *Joan.*, xx, 25, 27) est trop explicite. La tradition n'a qu'une voix pour affirmer cette vérité. Laissons les rationalistes nier l'évidence et épiloguer sur les textes dans le but de renverser le dogme de la Résurrection ; ils en seront pour leurs frais de ridicule.

Combien de clous servirent au crucifiement de Jésus ? Sûrement il en fallut *deux* pour les mains, mais *un seul* ne suffisait-il pas pour les pieds ?

Là-dessus les savants se divisent (1). Nous croyons, avec la majorité des critiques, que les Romains, comme les Grecs, se servaient le plus souvent de *quatre* clous : *deux* pour les mains, *deux* pour les pieds : « Affigantur *bis* pedes, *bis* brachia », disait Plaute (2). On ne niera pas d'ailleurs que la perforation, au moyen d'un seul clou, des deux pieds superposés ne présentât une difficulté réelle. Comment maintenir la victime pendant cette atroce opération ? « Il ne faut pas oublier, remarque Friedlieb (3), qu'en pareille extrémité, le désespoir décu-

---

(1) La difficulté vient de ce que dans la crucifixion romaine on employait tantôt trois et tantôt quatre clous.

(2) *Mostellaria*, ii, 1, 12. — Lucien fait dire aussi à Mercure s'adressant à Prométhée qu'on clouait sur la croix : « Præbe *dexteram*. Tu autem, Vulcane, astringe et confige, et malleum fortiter demitte. Da et *alteram* quo illa etiam recte astringatur ». Sur le *graffito* du Palatin (voir Rohautl de Fleury, *op. cit.*, p. 65) qui remonte au ii siècle, les pieds du *Crocifisso* sont séparés, quoique non cloués. Évidemment le caricaturiste s'est inspiré de ce qu'il avait vu, et il a dû représenter la crucifixion telle qu'on la pratiquait de son temps. — Ces témoignages constituent une forte présomption en faveur de l'opinion qui admet *quatre* clous. Cf Curtius, *De Clavis dominicis*, p. 35.

(3) *Op. cit.*, pp. 310-311.

plait les forces. Au moins aurait-il fallu se servir du *suppedaneum* ; mais ce support ne faisait probablement pas partie de la croix romaine ». Et même avec cet appui la perforation aurait encore été d'une exécution malaisée.... Les jambes se fussent écartées nécessairement si l'on eût ramené l'un des pieds sur l'autre ; la charge serait devenue intolérable pour les mains ; le torse projeté trop en avant aurait dû être retenu par des cordes à la croix. Et le moyen de percer les pieds ainsi disposés *sans briser les os* du patient ? Pourtant le prophète avait dit de Jésus : *Os non comminuetis ex eo* (1).

Aussi les Pères et les écrivains ecclésiastiques, — depuis saint Justin et Tertullien jusqu'à Grégoire de Tours et au pape Innocent III, — sont-ils unanimes à affirmer que les pieds de Jésus furent cloués *chacun séparément* (2). Les plus anciens crucifix sont conformes à cette doctrine (3). « L'usage de faire des crucifix avec les deux pieds superposés et fixés par un seul clou s'introduisit à la renaissance. Cimabue et Margaritone paraissent être les premiers qui se soient donné cette licence » (4).

Les clous dont on se servit pour Jésus-Christ étaient très gros, puisque saint Thomas put enfoncer son doigt dans la blessure faite aux mains. Je me rappelle avoir vu celui que conserve la basilique de Sainte-Croix de Jérusalem, à Rome ; il mesure 12 centimètres de long sur 8 millimètres 1/2 de grosseur, et porte au sommet une sorte de chapeau ou capuchon creux au fond duquel il est rivé (5).

(1) Cf. *Joan.*, xix, 36 coll. *Exod.*, xii, 46.
(2) Cf. Curtius, *op. cit.*, pp. 26, suiv.
(3) Cf. Rohault de Fleury, *op. cit.*, pp. 166, suiv.
(4) Martigny, *op. cit.*, pp. 228 229.
(5) « Après la descente de la croix, écrit M. Lesêtre (*Diction. de la Bible*, s. h.-v.), les quatre clous furent enfouis avec les instruments du supplice. Sainte Hélène les retrouva en même temps que la croix. Avec l'un d'eux elle fit faire un mors pour le cheval de son fils Constantin (conservé aujourd'hui à Carpentras), et avec un autre une sorte de cercle pour son casque. Ce cercle est, croit-on, enclavé dans la couronne de fer qui se conserve actuellement à Monza.

On enfonça ces énormes chevilles de fer dans la paume de la main de Jésus, ensuite aux pieds, dans l'épaisseur du métatarse. Les muscles furent déchirés, les chairs affreusement meurtries, les veines ouvertes. Mais le Sauveur, patient, résigné, ne proféra pas une plainte.

§ 6. — *Jésus en croix avec la couronne d'épines. — La « tabella ».*

Les bourreaux laissèrent-ils à Jésus la couronne d'épines que les soldats de Pilate lui avaient mise au front par moquerie le matin même ? Les évangélistes ne disant rien, consultons la tradition.

D'abord la tradition artistique ne paraît pas favorable à l'affirmative. Il faut descendre jusqu'au xiv° siècle pour trouver le diadème d'épines sur la tête du Sauveur en croix (1).

Cela surprendra, car dès le commencement du iii° siècle Tertullien et Origène assurent que Jésus crucifié garda sa couronne sanglante (2). Et, à tout

Sainte Hélène jeta un troisième clou dans la mer Adriatique pour apaiser une tempête ; peut-être ne fit-elle que l'y plonger. Aujourd'hui on vénère des saints clous dans un bon nombre de villes. Pour expliquer cette multiplicité... il faut admettre que des parcelles et de la limaille furent détachées des clous authentiques et insérées dans des fac-simile ».

(1) Cf. REUSSENS, *Archéol. sacrée*, t. I, p. 457.

(2) Voici les paroles du prêtre de Carthage : « Inhærens cornibus crucis *corona spinea in capite ejus circumdata* » (*Adv. Jud.*, cap. 13). — « Corona spinea, dit à son tour Origène (*Homil.* 35 *in Matt.*), semel imposita et nunquam detracta ». Il y a quelque exagération dans l'assertion du docte Alexandrin. Au moment du départ pour le Golgotha, lorsqu'ils enlevèrent au Christ son manteau de pourpre et qu'ils lui remirent ses habits, les soldats le débarrassèrent pendant quelques instants de sa couronne ; ils la lui ôtèrent vraisemblablement aussi lorsqu'ils le dépouillèrent de ses vêtements avant de le crucifier. Mais ils durent la replacer sur sa tête ensuite.

prendre, ce sentiment est celui qui paraît le plus conforme aux vraisemblances historiques.

Les bourreaux replacèrent donc sur le front de Jésus en croix le diadème d'ignominie. C'était une sorte de bonnet recouvrant toute la tête et descendant jusque sur les yeux. La soldatesque du procurateur l'avait confectionné le matin avec des épines de *zizyphus* réunies, et ajustées au moyen d'un large anneau de jonc qu'on jeta par-dessus et qui enserrait le tout. On trouva le jonc dans l'écurie voisine de la citadelle ; il était destiné à la litière des chevaux. Quant aux branchages de *zizyphus*, on les détacha d'un fagot d'épines que les soldats de garde tenaient en réserve pour allumer les feux de la nuit (1).

Enfin, au-dessus de la tête du Christ, pendait un écriteau blanc avec des lettres rouges. C'était le motif (l'αἰτία) de la condamnation à mort. La planchette dans son intégrité mesurait, croit-on, 65 cent. sur 20 (2). On l'avait blanchie à la chaux. Les lettres gravées en creux, à l'aide d'une gouge ou d'un poinçon, puis peintes en rouge, furent tracées de droite à gauche. Les évangélistes ne transmettent pas une rédaction uniforme. On estime que saint Jean a consacré exactement la forme araméenne de l'inscription : *Jesus Nazarenus, rex Judæorum* (3) ; les autres évangélistes auraient gardé le sens plutôt que le mot à mot.

Ordinairement les artistes se contentent, par raison de brièveté, de reproduire les initiales de chacun des mots de la formule johannine : I (*esus*) N (*azarenus*) R (*ex*) I (*udæorum*) = INRI.

Voilà donc Jésus, le Rédempteur du monde, élevé sur la croix entre le ciel et la terre ! Il y va rester

---

(1) La saison était froide et l'on se chauffait encore. Cf. *Joan.*, XVIII, 18.

(2) Le fragement tout vermoulu qui en reste dans le reliquaire de l'église Sainte-Croix de Jérusalem, à Rome, ne mesure que 235 millimètres de largeur sur 130 millimètres de hauteur. On y lit le mot grec NAZAPENOYΣ et le mot latin NAZARINUS.

(3) *Joan.*, XIX, 19.

durant trois mortelles heures. A sa droite et à sa gauche deux brigands — c'étaient des voleurs de grand chemin, des assassins peut-être, comme Barabbas, — partagent son supplice. *Et cum sceleratis reputatus est* (1) !

(1) *Is.*, LIII, 12.

DEUXIÈME PARTIE

LE VENDREDI SAINT, DE MIDI A TROIS HEURES

---

§ 1. — *La première parole de Jésus en croix.*

Aussitôt que le « roi des Juifs » apparut crucifié aux regards de la foule, sur les pentes du Golgotha s'éleva de tous côtés une immense clameur de joie et de blasphèmes.

Les évangélistes en rapportent quelque chose; c'est effrayant. « Va! criait-on à Jésus; toi qui détruis le temple de Dieu et qui le rebâtis en trois jours, sauve-toi! Si tu es le Fils de Dieu, détache-toi et descends (1)! » « Oui, reprenaient à leur tour les soldats en ricanant si tu es le roi des Juifs, délivre-toi toi-même (2) ! » « Sans doute, et délivre-nous en même temps », continuait l'un des brigands crucifié à gauche (3). Et la foule et les princes des prêtres criaient à l'envi, s'approchant le plus près possible afin d'être plus sûrs que la victime entendait bien leurs sarcasmes ; ils secouaient la tête par moquerie : « Ah ! disaient-ils, celui-là a mis en Dieu sa confiance. Que Dieu vienne maintenant le délivrer » (4) !.

(1) Cf. *Matt.*, xxvii, 30, 40 ; *Marc*, xv, 29, 30.
(2) Cf. *Luc*, xxiii, 37.
(3) Cf. *Luc, ibid.*, 39.
(4) Cf. *Matt.*, xxvii,

En vérité, ce jour, comme s'exprime Bossuet, appartint tout entier à l'enfer.

Cependant Jésus souffrait d'atroces douleurs. Le premier moment où le crucifié se trouvait suspendu à l'infâme gibet était d'une angoisse inexprimable. Son corps adossé au bois et trop tendu se tordait dans un effort instinctif, cherchant sur cette couche funèbre une posture moins douloureuse; la poitrine se dilatait pour respirer l'air; la tête se renversait convulsivement (1). Puis l'on voyait les genoux du malheureux fléchir, et le corps, s'affaissant, peser de tout son poids sur les mains qui se déchiraient et sur les pieds dont les doigts crispés égratignaient le bois. Dans la poitrine, le cœur se mettait à battre avec violence; des filets de sang s'échappaient des déchirures du supplicié, inondaient bientôt la traverse, et couraient le long du montant de la croix.

Cet horrible spectacle n'inspira aucune pitié aux Juifs qui continuèrent de ricaner et d'insulter leur Victime. A ce moment Jésus, rompant le silence qu'il avait gardé pendant qu'on le crucifiait, s'écria doucement, en levant les yeux au ciel: « Père, pardonnez-leur, car ils ne savent ce qu'ils font » (2). Voulait-il parler des Juifs ou des Romains ses bourreaux ? Des uns et des autres, sans doute, répond saint Thomas (3), mais son pardon ne s'arrêtait pas là; il s'étendait beaucoup plus loin. Large comme son cœur, sa miséricorde embrassait tous les hommes et tous les âges. A l'heure présente, malgré les vingt siècles que le temps a jetés entre nous et la scène du Golgotha, ne bénéficions-nous pas tous du même pardon et des souffrances du Rédempteur ?

Leur sinistre besogne finie, les soldats s'assirent au pied du gibet du Galiléen. Il leur fallait maintenant se partager les dépouilles des suppliciés. Le droit romain les y autorisait (4). Ils prirent donc les *pannicularia*,

(1) Cf. OLLIVIER, *op. cit.*, p. 347 ; Nicholson, art. *Crucifixion* dans la *Cyclopædia* de Kitto .
(2) *Luc.*, XXIII, 34.
(3) *Summ. theolog.*, p. III, quæst. XLVII, art. 6.
(4) Cf. *Digest.*, 47. 20. *De bonis damnator.*, 6.

c'est-à-dire la robe, le caleçon, la ceinture, le manteau, les sandales et la coiffure. De tout cela ils firent
quatre lots qu'ils jouèrent aux dés, « entremêlant
leurs débats de plaisanteries sur le maigre butin
que leur valait une si éclatante catastrophe » (1). Restait la tunique de Jésus : elle était d'une seule pièce
et sans couture ; ils la mirent à part et la tirèrent au
sort (2). Ainsi se réalisa à la lettre la prophétie du
psalmiste :
« Une bande de malfaiteurs rôdent autour de moi.

· ·

> Ils se partagent mes vêtements,
> Et sur ma tunique ils jettent le sort » (3).

Les soldats se rassirent pour garder leurs victimes.
Déjà ils s'impatientaient et trouvaient que la mort
était bien lente à venir.

§ 2. — *Les ténèbres au Golgotha et la seconde parole de Jésus.*

Un phénomène étrange, qui ne faisait alors que de
commencer, jeta les légionnaires et la foule dans une
sorte d'épouvante. Les évangélistes le mentionnent
par ces simples mots : «A partir de la sixième heure
jusqu'à la neuvième, soit de midi à trois heures,
d'épaisses ténèbres se répandirent sur la surface de
toute la terre » (4).
Rien de pareil ne s'était vu, ni ne devait se revoir.
Ce jour-là, raconte Denys l'Aréopagite, nous étions,
un de mes amis et moi, à Héliopolis, en Egypte, quand
soudain, de midi à la neuvième heure, la ville et le
pays furent plongés dans l'obscurité. Le chroniqueur
Phlégon, et un autre païen, Thallus, attestent la même

(1) OLLIVIER, *op. cit.*, p. 352.
(2) Cf. *Joann.*, XIX, 23-24.
(3) *Ps.* XXI, 17, 19.
(4) Cf. *Matt.*, XXVII, 45 ; *Marc*, XV, 33 ; etc.

chose. Aussi Tertullien, Origène, Jules Africain, et saint Lucien martyr, assurent-ils que le fait était à leur époque encore de notoriété publique. Ce phénomène fut absolument insolite. On ne peut l'attribuer à une éclipse de soleil, car on se trouvait alors au moment de la pleine lune (1). Evidemment, la cause en dut être miraculeuse. — Le soleil semblait se cacher, parce que la divine Lumière du monde allait s'éteindre. Le ciel était irrité; une catastrophe paraissait imminente.

Effrayés, nombre de Juifs s'enfuirent; les jeux de mots, les quolibets cessèrent; peu à peu le vide se fît au pied de la croix.

Alors un des larrons, saisi de peur, ne crut pas pouvoir supporter davantage que son compagnon de supplice insultât Jésus: « Est-ce que tu ne crains pas Dieu, lui dit-il, toi qui es condamné comme moi? Nous, c'est justement que nous souffrons, mais lui, qu'a-t-il fait de mal (2)? » Et se tournant vers la Victime dont l'innocence et la résignation avaient ému son âme, il ajouta : « Seigneur, ayez pour moi un souvenir, quand vous serez dans votre royaume ! » Le Christ, qui depuis une demi-heure n'avait rien dit, répondit aussitôt : « Oui, je te l'assure, aujourd'hui même tu seras avec moi au paradis ». Qu'était-ce donc que ce paradis? Ce n'était point certainement l'Eden de la Genèse, l'antique paradis d'Adam et d'Eve. Ce n'était pas non plus ce lieu de délices qu'on appelle le ciel, et où les élus vivent dans la gloire. Les portes de ce séjour n'étaient pas ouvertes encore ; elles devaient rester fermées jusqu'à l'ascension du Rédempteur. Qu'était-ce donc que le paradis promis par Jésus ? C'était, répond saint Thomas d'Aquin (3), le paradis dans son essence, c'était cette félicité inénarrable, cet enivrement que procure la claire vision de la divinité. De fait, dès que le Christ mourut, cette claire vision avec ses joies si douces fut

(1) Cf. FRIEDLIEB, *op. cit.*, p. 197.
(2) Cf. *Luc*, XXIII, 40.
(3) *Summ. theol.*, p. III, quæst. LII, art. 4. Comp. *ibid.*; art. 2.

octroyée aux vieux patriarches et à tous les justes de l'ancienne alliance détenus aux Limbes (1) ; elle fut accordée aussi au larron pénitent.

On prétend que ce bandit pardonné et justifié se nommait Dismas. Une légende raconte que trente-trois ans auparavant, dans le désert d'Egypte, la Vierge et saint Joseph, fuyant avec l'Enfant-Dieu la colère d'Hérode, l'auraient rencontré, et que le brigand, ému à la vue de tant d'infortune, les aurait protégés et défendus (2). Marie l'ayant reconnu au Calvaire aurait intercédé pour lui. C'est donc à elle que serait due l'absolution donnée par le Sauveur au misérable. Nous ne garantissons sans doute point l'authenticité d'une pareille tradition ; la critique est libre de la discuter, de la rejeter même, si elle lui déplaît. On avouera cependant qu'il n'y a rien, en cette pieuse histoire, « qui ne soit conforme à l'amour de Jésus pour sa mère, à la tendresse de Marie pour les pécheurs, à la doctrine de son intercession nécessaire et toute-puissante en faveur des hommes auprès de la divine miséricorde » (3).

Le martyrologe romain a fixé la fête du bon larron au 25 mars.

Après avoir consolé le larron pénitent, le Christ retomba dans un profond silence.

Il était un peu plus de midi et demi.

Le soleil qui, à cette heure, aurait dû briller de tout son éclat, allait se voilant toujours davantage. L'obscurité grandissait, enveloppant le Golgotha, Jérusalem et toutes les collines d'alentour.

§ 3. — *Le testament du mourant.*

A la faveur des ténèbres et avec la permission des soldats devenus plus conciliants, quelques amis de Jésus gravissant les pentes du Calvaire s'approchèrent

(1) Voir plus bas pp. 58-61.

(2) Voir l'*Evangile de l'Enfance*, et l'*Evangile de Nicodème*.

(3) OLLIVIER, *Les amitiés de Jésus*, p. 371.

discrètement jusqu'au pied de la croix. L'Evangile en nomme plusieurs. C'étaient Marie, la mère du Crucifié; Jean, l'apôtre vierge, le disciple préféré qui avait dormi sur la poitrine du Maître à la Cène ; c'était Marie de Magdala, la pécheresse convertie ; c'étaient encore Marie, femme de Kléophas, sœur ou belle sœur de la sainte Vierge et mère de Jacques le mineur et de Joseph, les cousins de Jésus ; puis Salomé, mère de Jacques et de Jean (1). A elles s'adjoignirent d'autres pieuses femmes, à qui l'amour faisait affronter intrépidement le péril. Dans le nombre se trouvaient, selon toute probabilité, Jeanne de Cusa et Marthe, la sœur de Lazare (2).

Les regards du Sauveur mourant tombèrent sur ce petit groupe fidèle. Le Crucifié cherchait des yeux les deux êtres qu'il avait le plus aimés pendant sa vie : sa mère et son cher disciple, saint Jean. Leurs regards à tous trois se rencontrèrent, et tous trois se comprirent dans le silence et dans l'amertume d'une inexprimable douleur. Marie, surtout, la mère de l'infortunée Victime, semblait agoniser sous le poids de l'angoisse qui l'oppressait. Elle ne pouvait détacher sa vue de ce Fils que ses entrailles avaient porté ; à travers ses larmes, elle contemplait cette tête chérie, ensanglantée par les épines, ces lèvres qui avaient bu son lait et que le travail de la mort prochaine rendait déjà presque livides, cette face auguste qu'elle couvrait autrefois de ses baisers maternels et qui maintenant décolorée, souillée de sueur et de poussière, faisait peine à voir. Jésus comprit la douleur qui étreignait le cœur de Marie, et il chercha à la consoler d'un mot. Lui montrant des yeux l'apôtre Jean : « Femme, murmura-t-il, voilà votre fils » (3). C'était lui dire « O vous, ma mère selon la chair, oubliez donc un moment celui que votre lait a nourri pour ne penser plus qu'à vos fils selon la grâce. Je vous les donne en ce moment, je vous les confie ; ils sont

(1) Cf. *Joann.*, xix, 25 ; *Math.*, xxvii, 55, 56 ; *Marc*, xv, 40,41.
(2) Cf. *Luc*, xxiii, 49, coll. viii, 3.
(3) Cf. *Joann.*, xix, 26.

vôtres : *Ecce filius tuus !* A cette heure vous les enfantez dans les larmes, dans la peine, dans la souffrance. Vous allez me perdre, mais en me perdant vous les sauvez tous ! »

Et, du même coup, Jésus mettait au cœur de Marie une tendresse qu'elle ne se connaissait pas. Cette Vierge se sentit alors deux fois mère : son amour maternel se dilata pour embrasser dans une commune étreinte tous les hommes, ses nouveaux enfants.

C'est pourquoi, tournant les yeux vers saint Jean, le Sauveur ajouta : « Voilà votre mère ; *Ecce mater tua* ». Le disciple comprit quel précieux trésor l'amitié lui confiait à cette heure déchirante. Aussi lui-même raconte-t-il qu'à partir de ce moment il reçut la Vierge sous son toit, et fut pour elle toujours un fils aimant et dévoué. « O disciple vraiment heureux, s'écrie Bossuet (2), à qui Jésus-Christ donna sa croix pour l'associer à sa vie souffrante ; à qui Jésus-Christ donna sa mère pour vivre éternellement dans son souvenir ; à qui Jésus-Christ donna son cœur pour n'être plus avec lui qu'une seule chose » !

Tel fut le testament de Jésus mourant.

§ 4. — *Le délaissement et la soif du « Crucifié »*.

Il était deux heures de l'après-midi environ.

Les paroles de Jésus à sa mère et au disciple furent ici-bas sa consolation suprême. Depuis qu'il était en croix, il avait voulu s'accorder la joie de pardonner à ses bourreaux, de faire grâce au larron, de nous donner sa mère. Désormais c'est fini. Les instants de vie qui lui restent ne vont plus être qu'amertume, angoisse, désolation. Les dernières luttes de l'agonie commencent pour lui. Le voilà maintenant livré sans merci aux étreintes de la divine justice : plus de miséricorde, plus d'amour ; on dirait que la malédiction d'en haut pénètre ses os comme l'huile et ses entrailles comme l'eau qui s'infiltre (3).

(1) *Ibid.*
(2) *Panégyrique de s. Jean.*
(3) Cf. *Ps.* cviii, 18.

Le Crucifié semblait abîmé dans une profonde douleur.

Tout à coup, sortant de son apparent sommeil, il se redresse, et d'une voix encore forte il s'écrie : « *Eli, Eli, lammâh sabacthani* ? Mon Dieu, mon Dieu, pourquoi m'as-tu abandonné » (1) ? C'étaient les premières paroles d'un psaume que David son aïeul avait composé (2). Jésus, le Messie véritable, se les appropriait ; il en avait le droit, car c'est de lui qu'elles étaient dites.

La critique indépendante n'a rien compris à cette exclamation de détresse. Les uns y voient du désespoir (3), les autres une plainte banale. « Le *lammâh sabacthani*, écrit Alb. Réville (4), est une de ces paroles devant lesquelles on se découvre au passage avec une respectueuse pitié, parce qu'elle dénote une souffrance aussi affreuse moralement que physiquement, et elle exige trop de recueillement pour servir de prétexte à des conclusions outrées, ou fournir la matière d'un dogmatisme mythique ou creux. »

Méprisons cette froide exégèse, et retenons bien que Jésus en son agonie parut et fut véritablement abandonné de tous. Trois ennemis s'acharnaient contre lui : la mort, Satan et Dieu. — La mort, de son impitoyable main, serrait déjà cette proie qui ne pouvait plus, hélas ! lui échapper. Le Christ sentait que sa vie s'en allait et avec elle l'espérance ; en vain alors aurait-il répété : « Père, Père, faites, si possible, que le calice amer s'éloigne de moi. » Il fallait qu'il le bût ce calice, et qu'il l'épuisât jusqu'à la lie. — Satan, de son côté, excité par son apparente victoire, redoublait de rage et de joie. — Dieu enfin n'avait plus, pour celui qui fut son fils de prédilection, qu'un visage plein de menaces. Tous les flots de sa

______

(1) Cf. *Math.*, xxvii, 46 ; *Marc*, xv, 34.

(2) Le *ps.* xxi. L'hébreu porte : *azabtâni* au lieu de *sabacthani* qui est une traduction araméenne.

(3) CALVIN, par exemple. STAPFER, *op. cit.*, p. 218, n'est pas éloigné de ce sentiment.

(4) *Jésus de Nazareth*, t. II, pp. 423-424.

colère il les déchargeait sur cette chair de péché. Et puis il se dérobait lui-même et se cachait.

L'obscurité se fit à ce moment de plus en plus profonde dans l'âme du Christ. Si les sommets de son intelligence restaient illuminés toujours des clartés de la vision béatifique, la partie inférieure se trouvait abîmée dans une affreuse nuit : au lieu des joies, des allégresses, des consolations d'autrefois, ce n'étaient plus que troubles, angoisses, abandon, épouvantements de toute sorte.

Jésus se voyait délaissé, et ce délaissement lui arracha un cri, où respirait encore pourtant une filiale confiance : « Mon Dieu, mon Dieu, pourquoi m'abandonnes-tu ? *Eli, Eli, lammâh sabacthani ?* »

Les Juifs, qui l'entendirent, affectèrent de se méprendre sur le sens des premiers mots, et voulurent faire de l'esprit en s'écriant pour le railler : « Tiens, le voilà qu'il appelle Elie ! Attendons, et voyons si Elie le délivrera (1) ! »

Le Crucifié pardonna ce sarcasme comme il avait pardonné tous les autres. De nouveau il s'affaissa dans un mystérieux silence.

Cependant quelques minutes plus tard on le vit desserrer les lèvres, et on l'entendit murmurer doucement : « J'ai soif (2) ! »

La soif était le tourment le plus horrible des crucifiés ; d'aucuns même assurent qu'à elle seule elle pouvait amener la mort. — Tout concourait à l'exciter en Jésus : les atroces tortures de la nuit ; les fatigues de la matinée ; la perte de son sang pendant la flagellation ; la fièvre qui le dévorait ; la distension de ses membres sur le bois de supplice ; l'atmosphère brûlante (3). Le pauvre agonisant pouvait bien soupirer avec le psalmiste :

> Je suis comme une eau qui s'en va,
> Et tous mes os se disloquent ;
> Mon cœur est comme de la cire,

(1) Cf. *Matth.*, xxvii. 47, 49 ; *Marc*, xv, 35, 36.
(2) Cf. *Joann.*, xix, 28.
(3) Cf. Chauvin, *Comment. sur les sept paroles de Jésus,* pp. 36, 37.

Il se fond au milieu de mes entrailles.
Ma force se dessèche comme un tesson [d'argile],
Et ma langue se colle à mon palais :
Et tu m'étends dans la poussière de la mort (1) !

Au cri du Crucifié, dont il ne comprit point, hélas !
le touchant mystère (2), un des soldats se leva, alla
chercher l'outre pleine de *posca* (3) qui servait à toute
l'escouade, prit une éponge qui se trouvait là par
hasard, la trempa dans le breuvage et, l'ajustant au
bout d'un roseau, il l'approcha de la bouche de Jésus,
l'appliqua sur ses lèvres, et la Victime put ainsi boire
quelque peu (4).

Sans le savoir, le Romain se faisait l'instrument de
la Providence. David n'avait-il pas prophétisé :

Ils m'ont donné du fiel pour nourriture,
Et du vinaigre pour étancher ma soif (5).

L'oracle était accompli.

Mais si le *Sitio !* était un cri d'angoisse, c'était bien
plus un cri d'amour, un cri du cœur. Oui, le Christ
avait soif de trois choses : il avait soif du visage de
Dieu qui se cachait ; il avait soif des âmes qu'il voulait sauver ; il avait soif de la mort qui devait lui
donner la victoire décisive, complète.

Le visage de Dieu, son âme tout entière en avait
joui jusque-là ; dès sa plus petite enfance, dès sa
conception même il s'était enivré de sa lumière :
Mon Dieu, avait-il répété avec le prophète, *c'est toi
qui m'as tiré du sein de ma mère ; c'est toi qui fus mon
espérance quand j'étais à la mamelle .... A mon entrée*

______

(1) *Ps.* xxi, 15, 16.
(2) Cf. Chauvin, *op. cit.,* pp. 38-40.
(2) C'était une boisson faite d'eau et de vinaigre, que les
soldats romains avaient toujours avec eux dans leurs ex-
péditions ou dans leurs corvées. Il ne faut point la con-
fondre avec le *myrrhatum vinum* qu'on offrit à Jésus lors
de son arrivée sur le Golgotha.
(4) Cf. *Matt.,* xxvii, 48 ; *Marc.,* xv, 36 ; *Luc,* xxiii, 36 ;
Joann., xix, 28-30.
(5) *Ps.,* lxviii 22.

dans la vie tu fus mon Dieu (1) ! — *Maintenant,* ajoutait-il avec le psaume encore, *je t'appelle le jour et tu ne réponds pas ; je t'appelle la nuit et je n'éprouve aucun soulagement* (2). Oh ! comme j'ai soif de toi, mon Dieu ! rends-moi donc la lumière et la joie de ton visage : *sitio !*

J'ai soif aussi de ces âmes que tu m'as promises. Isaïe l'avait annoncé : *S'il se livre pour le péché, il aura une postérité nombreuse* (3). La condition était remplie, le sacrifice était offert. Voilà pourquoi le Rédempteur réclamait à grands cris les âmes qui lui appartiennent, qui sont sa plénitude, comme s'exprime saint Paul (4).

Enfin Jésus avait soif de la mort. Elle arrivait pourtant cette mort cruelle, mais trop lente, beaucoup trop lente au gré de ses désirs. Le calice n'était pas vide ; la lie restait. Il lui tardait de l'épuiser : son triomphe était à ce prix.

Trois heures allaient bientôt sonner.

§ 5. — *Les dernières paroles de Jésus ; sa mort.*

Presque immédiatement après avoir goûté l'amer breuvage, le Christ ajouta : « Tout est consommé ! *Consummatum est* (5) ! » C'était vrai. La Victime avait épuisé jusqu'à la lie la coupe de l'ignominie et de la douleur ; elle avait épuisé aussi, ce semble, en faveur des hommes, tous les trésors de sa miséricorde et du pardon. En sa personne les vieilles prophéties sacrées recevaient leur éclatante et incontestable réalisation. A Jésus il ne restait donc plus qu'à mourir et, avant de mourir, à déclarer solennellement au monde que sa mission était terminée ; que le ciel et la terre n'avaient plus rien à exiger de lui ; que son expiation était com-

(1) *Ps.*, xxi, 10, 11.
(2) *Ibid.*, 3.
(3) *Is.*, liii, 10.
(4) *Eph.*, i, 23.
(5) *Joan.*, xix, 30

plète et son holocauste entier ; que l'humanité allait
être enfin délivrée de ses chaînes, le paradis ouvert,
l'enfer fermé ; que la gloire de Dieu était vengée ;
que Satan était confondu, et son empire renversé à
jamais. C'est pourquoi il dit : « Tout est consommé!
Consummatum est ! »

Puis, une dernière fois, redressant la tête, Jésus
s'écria d'une voix forte : « Père, je remets mon esprit entre vos mains ! *Pater, in manus tuas commendo
spiritum meum* (1) ! »

Sa tête retomba, s'inclina ; tout était fini.

Il était un peu plus de trois heures. Au temple on
immolait l'agneau pascal.

(1) *Luc,* xxiii, 46.

TROISIÈME PARTIE

LE VENDREDI SAINT DANS LA SOIRÉE

Ainsi mourut l'Homme-Dieu. Comme l'ouvrier, au soir d'une rude journée de labeur, s'endort en paix, calme, tranquille, heureux d'avoir accompli sa tâche sans défaillance, et fier du succès ; de même le Christ déposa le travail de la vie, quitta la lutte et entra dans son repos, satisfait d'avoir mené à bonne fin son entreprise, et sûr d'avoir dignement couronné son œuvre par le martyre. Il mourut enseveli lui aussi dans son triomphe ; s'il se retira de la vie, ce n'était pas qu'il fut vaincu par la fatigue et la douleur. Non ; si la mort mit sur lui la main et parut le terrasser, il le voulut bien, il le permit, il l'ordonna : « Personne, avait-il dit un jour, ne me prend la vie ; je la dépose de moi-même. J'ai seul pouvoir de la donner et seul aussi de la reprendre... Je la laisse à mon gré, mais afin de la reprendre, suivant les ordres que j'ai reçus de mon Père » (1).

A peine Jésus avait-il fermé les yeux, que d'extraordinaires prodiges se produisirent et jetèrent Jérusalem dans l'épouvante. Racontons-les.

(1) Cf. *Joan.*, x, 17, 18.

§ 1. — *Prodiges et miracles à la mort de Jésus*

L'Evangile en mentionne surtout trois.

Le premier, d'après saint Matthieu, saint Marc et saint Luc (1), fut le déchirement du grand voile à l'entrée du lieu saint. « Voici que tout d'un coup, écrivent-ils, le voile du temple se déchira par le milieu depuis le haut jusqu'en bas ». Mais de quel voile s'agit-il ? Philon nous apprend qu'il y en avait deux : l'un pendait à l'extérieur et cachait la porte du temple, l'autre, à l'intérieur, était beaucoup plus précieux et séparait le « Saint » du « Saint des Saints » (2). Les évangélistes ne précisent pas ; cependant le mot (καταπέτασμα) qu'ils emploient nous fait penser au rideau qui tombait à l'intérieur devant la porte du sanctuaire où personne, hormis le grand-prêtre, ne pouvait pénétrer. C'était un merveilleux tissu de couleur hyacinthe et pourpre. Ses dimensions exactes nous sont inconnues. Il est permis néanmoins de croire qu'il avait la hauteur et la largeur du « Saint des Saints », c'est-à-dire vingt-sept mètres de haut sur neuf de large (3). Le Talmud assure « qu'il avait l'épaisseur de la main ; que 820.000 fils le composaient ; que 20.000 vierges y avaient travaillé et qu'il fallait 300 prêtres pour le laver » (4). Tous ceux qui contemplaient cette superbe tapisserie en demeuraient dans l'admiration. Or, quand le Christ expira, une main mystérieuse déchira ce voile de part en part. N'était-ce point un symbole et une prophétie ? Dieu ne voulait-il pas signifier par là que désormais l'entrée du sanctuaire de la grâce allait être accordée à l'humanité entière, que les portes du ciel, fermées

---

(1) Cf. *Matt.* xxvii, 51 ; *Marc*, xv, 38 ; *Luc*, xxiii, 45.

(2) Philon, *Vita Mos.*, ii, 150. Il appelle le premier κάλυμμα et le second καταπέτασμα.

(3) Cf. Stapfer, *La Palestine*, p. 404.

(4) Trait. *Tamid*, 29, 2. Ap. Meuschen, *Novum Test. ex Talmude illustratum*, p. 122.

jusqu'à ce moment, allaient s'ouvrir toutes grandes (1) ? Plusieurs estiment que Jéhovah voulait plutôt montrer qu'à partir de ce jour maudit le temple ne serait plus sa demeure, ni la synagogue son épouse. « Comme le grand-prêtre déchirait sa robe en face d'un grand scandale (2), ainsi Dieu déchirait le voile qui couvrait le lieu très saint où il aimait à se communiquer dans le passé. C'était dire qu'il n'y avait plus de « lieu très saint », partant plus de « temple », plus de parvis, plus d'autel, plus de sacrifices valables. Tout cela était aboli par Dieu lui-même. L'efficacité du sacrifice passait désormais à un autre sang, à un autre autel, à un autre sacerdoce » (3).

A l'heure où le voile se déchirait ainsi, d'autres faits étranges se passaient dans le temple, si l'on en croit les traditions. L'immense linteau de marbre qui couronnait l'entrée du sanctuaire se fendit tout à coup, et l'admirable frise menaça de s'écrouler (4). On entendit des bruits de pas pressés qui semblaient s'éloigner des parvis. Une voix mystérieuse retentit alors : « Sortons d'ici ! ». Et subitement les portes du temple s'ouvrirent d'elles-mêmes. Les Juifs s'en émurent ; les grands rabbins du temps en furent épouvantés. Johanan-ben-Zacchaï (5) l'apprenant s'écria : « O Temple, ô Temple, pourquoi t'ébranles-tu ainsi ? Je prévois à cause de cela que la fin approche, car il est écrit (cf. *Zach.*, xi, 1) : Liban ouvre tes portes et que le feu consume tes cèdres ! » Et le peuple se lamentait, se couvrait la tête de cendre, et pleurait de douleur en disant : « Malheur à nous ! Malheur à nos fils ! »

Au même instant « la terre trembla et les rochers

(1) Cf. Bossuet, *Méditations* : La Cène, I. p., chap. lxxviii·
(2) Cf. *Matt.*, xxvi, 65.
(3) Godet, *Comm. sur s. Luc*, t. II, p.536.
(4) *Evangile des Hébreux* cité par s. Jérôme (*in Matt.*, xxvii, 51).
(5) Cf. Munk, *Palestine*, pp. 593, 604.

se fendirent » (1) ; ce fut le second prodige qui jeta Jérusalem dans la frayeur. Cette secousse s'étendit-elle à toute la Palestine, ou seulement à la Judée ? Ne se fit-elle sentir qu'à Jérusalem et dans les environs? Nous ne pouvons le décider, faute de textes précis ou de traditions certaines. Ce qui est incontestable, c'est que le Calvaire tressaillit sur ses bases et que ses roches se déchirèrent. Aujourd'hui encore les fentes existent. On en distingue surtout une à deux mètres à peu près du trou où la croix de Jésus fut plantée. Elle mesure 1^m,70 de longueur, sur 0,25 de largeur, et descend en profondeur jusqu'à la petite abside de la chapelle située au dessous et qu'on nomme chapelle d'Adam (2). Les parties saillantes d'une paroi correspondent exactement aux parties rentrantes de l'autre, de sorte qu'elles pourraient se rejoindre et se refermer hermétiquement (3). Chose remarquable, la déchirure au lieu de s'être produite dans le sens des veines de la pierre, comme il arrive d'ordinaire, partagea le roc de manière à croiser perpendiculairement les différentes couches qui le composent (4) ; aussi s'accorde-t-on, même parmi les critiques les moins crédules, à regarder cette fente comme le résultat évident d'un miracle. Saint Cyrille de Jérusalem n'hésitait pas à le répéter de son temps : « Si l'on veut nier qu'un Dieu soit mort ici, qu'on vienne voir les rochers déchirés du Calvaire » (5).

On parle souvent d'un autre prodige plus extraordinaire que tous ceux rapportés jusqu'ici, je veux dire la résurrection des morts qui, sortis de leurs sépulcres miraculeusement entr'ouverts, pénétrèrent dans Jérusalem, et se montrèrent à beaucoup (6). Mais il convient d'observer que ce retour de plusieurs à la vie

---

(1) Cf. *Matt.*, xxvii, 51.

(2) Parce qu'on suppose — bien à tort (cf. *supra.* p. 11) que le premier homme fût enterré en cet endroit.

(3) Cf. Liévin, *Guide de Terre sainte*, t. I, p. 254, 3ᵉ éd.

(4) Fillon, *Comm. sur s. Matt.*, p. 555.

(5) *Catech.*, iv, 10 ; xiii, 4.

(6) Cf. *Matt.*, xxvii, 52.

n'eut pas lieu dès le vendredi soir, au moment de la mort du Christ.

Saint Matthieu écrit formellement que ce prodige *suivit* la résurrection du Sauveur : « Exeuntes de monumentis *post resurrectionem ejus* ».

Seulement, lorsque Jésus expira, des tombeaux s'ouvrirent sur les flancs du mont Sion où se trouvait comme aujourd'hui le cimetière de la ville sainte. La secousse occasionnée par le tremblement de terre ébranla et fit rouler les énormes pierres qui fermaient l'entrée des sépulcres juifs. Les morts en sortirent, non pas aussitôt mais plus tard, le matin de la Résurrection (1). C'est donc par anticipation que saint Matthieu raconte immédiatement l'apparition de ces revenants dans les rues de Jérusalem. Après avoir mentionné l'ouverture miraculeuse des tombeaux, l'évangéliste crut logique et tout naturel d'ajouter la suite, et de raconter les faits merveilleux d'apparitions dont beaucoup furent alors témoins (2).

(1) La critique rationaliste fait bon marché de ces prodiges ; elle n'en parle pas même, ou si elle en dit un mot, elle les traite de légendes dues à l'imagination populaire. Nous maintenons l'authenticité et la veracité du récit de saint Matthieu.

(2) Comment expliquer ces mystérieuses résurrections ? Les exégètes et les théologiens sont très divisés pour répondre. Quatre opinions surtout ont été émises. — D'après saint Augustin (*Epist. ad Evod.*), que suivirent plus tard saint Jean Chrysostome, Théodoret, Théophylacte, etc., les morts dont parle saint Matthieu seraient ressuscités à la façon de Lazare ; leur âme aurait été de nouveau unie à leur corps pour une vie d'une durée plus ou moins longue. Mais la teneur du texte de l'évangéliste s'oppose à cette manière de voir. L'historien sacré raconte d'abord qu'ils *apparurent*, « apparuerunt » ; il s'agit donc de simples apparitions, partant d'une résurrection *momentanée* et non définitive. Saint Matthieu dit ensuite qu'ils se montrèrent *à beaucoup*, « multis » ; on ne s'explique guère cette expression qui a une portée restrictive ; si les ressuscités avaient réellement vécu quelque temps comme Lazare, ce n'est pas « à beaucoup », c'est à *tous* les Jérosolymitains qu'ils se fussent montrés. — D'après une autre opinion défendue par Schegg, Bisping, Fillion, les morts en ques-

C'étaient là des prodiges d'ordre physique. Il y en eut aussi d'ordre moral. Quelques Juifs restés sur le Calvaire furent pris de repentance et s'enfuirent en se frappant la poitrine de douleur. Le centurion et ses légionnaires, émus, tremblants, disaient : « En vérité, cet homme était juste ; il était certainement le Fils de Dieu » (1).

tion ne seraient pas vraiment ressuscités, ils n'auraient fait qu'*apparaître* sous l'enveloppe de fantômes extérieurs ; leurs corps n'avaient donc rien de réel. On ne peut guère concilier cette hypothèse avec la phrase de saint Matthieu, où nous lisons : πολλὰ σώματα..... ἠγέρθησαν : ce sont donc bien les « *corps* » mêmes des défunts qui « se réveillèrent » et qui « sortirent » (ἐξελθοντες) de leurs tombeaux. Pas de métaphore possible ici. — Il nous faut par conséquent admettre l'hypothèse d'une résurrection véritable. Une fois revenus à la vie, ces ressuscités ne devaient plus mourir et, de fait, ils ne sont point morts depuis. Leur résurrection fut une anticipation par rapport à celle qui aura lieu pour tous les hommes à la fin des temps ; leurs corps revêtirent les propriétés que le corps humain aura, selon saint Paul (I *Cor.*, xv), après la résurrection générale. Cette opinion paraît être la plus commune aujourd'hui chez les interprètes catholiques. Mais ses partisans se divisent sur la question du séjour où se trouvent maintenant les ressuscités de saint Matthieu. Les uns disent qu'ils sont au ciel, où ils ont dû monter avec le Sauveur le jour de l'Ascension ; selon d'autres, ils ne seraient pas encore admis en corps et en âme au paradis, mais vivraient quelque part dans le monde, comme Hénoch et Élie dont nous ignorons le séjour. Cf. Van Steenkiste, *Comm. in Matt.*, t. IV, pp. 1317-1320 ; Knabenbauer, *Comm. in Matt.*, t. II. pp. 537-536.

Parmi ces morts qui ressuscitèrent avec Jésus-Christ, une tradition (consignée dans les récits apocryphes des *Acta Pilati*) mentionne Adam, Noé, Abraham, David, etc. Une autre tradition juive parle de saint Joseph, de saint Jean-Baptiste, de Siméon, d'Anne la prophétesse, etc. Ces traditions ne sont rien moins que sûres ; certains noms qu'elles citent sont même certainement donnés à faux. Nous croyons d'après le texte évangélique que les ressuscités en question étaient des morts dont les tombeaux se trouvaient tout près du Calvaire ; ils étaient probablement décédés depuis peu. C'est ce qui explique pourquoi on les reconnut si facilement dans Jérusalem.

(1) *Matt.*, xxvii, 54 ; *Marc*, xv, 89 ; *Luc*, xxiii, 47.

§ 2. — *Le coup de lance du soldat romain.*

Renan, qui passe sous silence maints détails de la mort de Jésus, n'a pas osé taire celui-ci. Le fait l'embarrassait pourtant quelque peu ; on le devine à l'étrange façon dont il le raconte : « Un d'entre (les soldats) pour enlever toute incertitude sur le décès réel du troisième Crucifié, et l'achever, s'il lui restait quelque souffle, lui perça le côté d'un coup de lance. On *crut* voir couler du sang et de l'eau, ce qu'on regarda comme un signe de la cessation de vie ! Jean, qui prétend l'avoir vu, insiste beaucoup sur ce détail » (1). En effet, le quatrième évangéliste est le seul qui mentionne cet incident, mais on doit l'en croire parce qu'il en fut témoin ; lui-même l'affirme, et saint Luc corrobore son affirmation (2).

Voici donc ce qui se passa. La Pâque approchait, et comme il était défendu par la loi de laisser exposés à la vue de tous en ce jour solennel les cadavres des crucifiés, les Juifs se rendirent chez Pilate et lui demandèrent de faire rompre les jambes aux condamnés, afin que leur supplice fût abrégé par là et qu'on pût les enlever plus tôt. Le procurateur envoya de nouveaux soldats qui s'acquittèrent immédiatement de la lugubre besogne. A coups de massue ils brisèrent les jambes et les cuisses des deux larrons, mais venant à Jésus ils s'aperçurent qu'il était déjà mort. Alors l'un deux, pour enlever toute incertitude et pour remplir quand même sa consigne, enfonça la pointe de sa lance dans le côté du Crucifié. Il en sortit du sang et de l'eau (3).

Le brisement des jambes, ou *crurifragium*, était une peine de droit romain, distincte en soi du crucifiement (4). On laissait en effet d'ordinaire les crucifiés

----

(1) *Vie de Jésus*, p. 428.
(2) Cf. *Luc*, xxiii, 49.
(3) *Joan.*, xix, 31-37.
(4) Cf. Sénèque, *De ira*, iii, 32 ; Suétone, *Octav.*, lxvi ; Valère Maxime, ii, 155. — M. Vigouroux affirme à tort, selon nous, que le *crurifragium* était « le complément ou

s'éteindre d'épuisement, puis on les abandonnait en pâture aux oiseaux de proie et aux chacals (1). Il en aurait été ainsi vraisemblablement de Jésus, sans la circonstance que saint Jean signale (xix, 31), l'occurrence des solennités pascales. Mais il fallait absolument que les cadavres des suppliciés disparussent; une loi du Deutéronome (2) l'exigeait. C'est ce qui explique la démarche des sanhédrites auprès du procurateur. Les synoptiques ont cru pouvoir garder le silence là-dessus, « parce que, remarque Godet (3), Jésus lui-même ne fut pas victime, de cette mutilation déshonorante (4), et que sa personne seule leur importait, non celle des deux malfaiteurs. Jean n'aurait probablement pas non plus mentionné ce détail, sans sa relation avec l'accomplissement d'une prophétie qui l'avait vivement frappé » (5). En tout cas, l'historicité de l'incident demeure hors de conteste.

Quand on avait brisé les jambes des suppliciés — torture qui hâtait la mort sans la causer immédiatement — devait-on transpercer aussi leur corps, comme on le fit pour le Sauveur ? Friedlieb (6) estime que le *crurifragium* n'allait pas sans ce « coup de grâce ». Quoi qu'il en soit, Jésus reçut cette affront suprême (7). La lance dont le soldat se servit n'était pas le *pilum*

la fin du supplice de la croix ». *Le Nouv. Tertam. et les découvertes*, p. 176. D'autre part Renan (*Vie de Jésus*, p. 428, not. 2) se trompe fort quand il écrit : « Il n'y a pas d'autre exemple du *crurifragium* appliqué à la suite d'un crucifiement. Mais souvent, pour abréger les tortures du patient, on lui donnait un coup de grâce ».

(1) Cf. PLAUTE, *Miles*, ii, 4, 19; HORACE, *Epistol.*, i, xvi, 48.

(2) Cf. *Deut.*, xxi, 23.

(3) *Comm. sur s. Jean*, t. III, p. 593.

(4) Le *crurifragium* était un supplice regardé comme infâmant, parce qu'on l'appliquait d'habitude surtout aux esclaves et aux prisonniers de guerre ; les hommes libres le subissaient rarement.

(5) Cf. *Exod.*, xii, 46 ; *Num.*, ix, 12.

(6) *Archéologie de la Passion*, p. 207, trad. Martin.

(7) Voir notre opuscule: *J.-C. est-il ressuscité ?* pp. 11-12.

mais la *hasta* romaine, arme plus légère et beaucoup plus maniable. L'extrémité seule était en fer, de forme ovale, aiguisée en pointe, de la largeur de la main. Ce fer était attaché par une bride en cuir à une hampe de bois (δόρυ, *hastile*) généralement courte, mais assez longue pour atteindre facilement le côté des crucifiés sur les croix basses.

D'après les traditions, et la plupart des auteurs, c'est le côté *droit* de Jésus qui fut déchiré. « Des poètes seuls, observe Rohault de Fleury (1), ont pu dire dans un langage hyperbolique que les deux côtés furent également percés, que l'eau sortit de l'un et le sang de l'autre (2). Les vieilles peintures représentent la plaie au côté droit (3).... La blessure de Notre-Seigneur paraît avoir traversé tout le corps ; en entrant, par la droite la lame perça le cœur et la pointe sortit par la gauche sous le sein. »

On prétend que le soldat qui entr'ouvrit de sa lance le côté du Christ s'appelait Longin (4), et que quelques gouttes du sang de l'Homme-Dieu jaillirent sur le front du hastaire. Ses yeux, qui étaient malades, furent subitement guéris en même temps que les yeux de son âme s'ouvrirent aux lumières de la foi. Devenu apôtre plus tard, il reçut les palmes du martyre en Cappadoce (5).

Ce qui est certain, c'est que « du sang et de l'eau » coulèrent de la blessure du Sauveur. Impossible à la science sérieuse de s'inscrire en faux contre ce fait, car il est démontré aujourd'hui « que la coagulation du sang, comme la rigidité cadavérique, ne se produit pas immédiatement après la mort, mais seulement quatre à six heures après » (6). Le phénomène en question n'était donc pas contraire aux lois naturelles,

(1) *Mémoire sur les instruments de la Passion*, p. 273.
(2) SERRY, *Exercitationes de Christo.*
(3) Cf. BENOIT XIV, *De festis dominicis*, lib. I, cap. VII.
(4) D'autres pensent que ce nom fut donné au soldat à cause de la lance (λόγχη) dont il se servait. *Longin* serait donc une corruption d'un mot grec !
(5) D'après le Martyrologe.
(6) Dr GOIX, *Le Miracle*, p. 70.

ainsi qu'on l'a prétendu. Dieu le permit, du reste, pour la manifestation d'un mystère qui n'a point échappé aux Pères de l'Eglise : « C'est par une raison providentielle, écrivait saint Jean Chrysostome (1), que ces fontaines jaillirent de la blessure du divin Crucifié. Ceux-là le savent bien qui sont initiés depuis longtemps, qui ont été régénérés par l'eau et qui se nourrissent du sang eucharistique ». « De même, observent d'autres pieux exégètes, que sous les ombrages de l'Eden la première femme sortit du côté d'Adam pendant son sommeil ; de même l'Eglise, Eve nouvelle, sortit du côté de Jésus, l'Adam nouveau, endormi sur la croix. »

§ 3. — *L'embaumement de Jésus.*

Lorsqu'ils en eurent obtenu l'autorisation, Joseph d'Arimathie, Nicodème et plusieurs disciples — saint Jean très probablement était du nombre — se mirent en devoir de détacher de la croix le corps inanimé du Maître (2). L'opération était difficile. On commença par enlever la couronne d'épines de la tête du Crucifié ; puis l'on arracha les clous, non sans peine, aux pieds d'abord, ensuite aux mains. Soutenu par ses fidèles amis, Jésus fut descendu peu à peu du gibet. Une tradition, conservée par Ludolphe le Chartreux (3), rapporte que la très sainte Vierge se tenait tout près sur le Calvaire, et qu'elle reçut sur ses genoux le cadavre de son bien-aimé fils, qu'elle le couvrit de baisers et de pleurs, avec des lamentations et des prières. Marie de Magdala et les autres femmes entouraient cette Mère éplorée, abîmée dans un océan de douleur.

Mais le temps pressait (4) ; il fallait se hâter et tout

(1) *Comm.* in h. l.
(2) Cf. *Matt.*, xxvii, 57, 58 ; *Marc*, xv, 42-45 ; *Luc*, xxiii, 50-52 ; *Jean*, xix, 38.
(3) *De Passione*, cap. lxv, 5.
(4) « .... Quum *jam sero esset factum*, dit saint Marc (xv, 42), quia erat parasceve quod est ante sabbatum. »

finir avant la nuit. A cause de cela on ne put songer qu'à un embaumement et à une sépulture provisoires.

L'embaumement dans l'antiquité, chez les Juifs notamment, était chose compliquée (1). Nous n'avons que peu de renseignements sur la façon dont les Juifs embaumaient leurs morts au début de notre ère (2). Maimonide (Traité *Ebel.*, IV, § 1) dit qu'on fermait d'abord les yeux et la bouche du défunt. On l'étendait ensuite sur le sol, ou sur une table, ou encore sur du sel, puis on lavait le corps, ordinairement à l'eau chaude; on coupait la chevelure et les ongles; enfin après avoir oint le cadavre d'essences parfumées on l'enroulait dans un linceul (σινδών) de toile blanche où l'on renfermait quantité d'aromates. Chaque membre à part était aussi enserré dans des bandelettes (ὀθόνια) et l'on recouvrait le visage d'un double suaire (σουδάρια) ou capuce: l'un, laissant le visage à découvert se nouait sous le menton; l'autre, voilant la face, se trouvait fixé par une bandelette enroulée autour du cou (3).

Ces linges « étaient choisis avec soin et coûtaient assez cher... Ils venaient pour la plupart d'Egypte où ils se fabriquaient avec l'art spécial qui s'attachait en ce pays aux parures de la mort. Ils étaient de couleur blanche avec des bordures de nuances variées, suivant le goût de l'époque et du pays » (4).

Quant aux parfums, on en distinguait de deux sortes : les uns solides (ἀρώματα) et réduits en poudre; les autres à l'état liquide (μύρα). Souvent on les mélangeait (5).

---

(1) Moins compliquée cependant que chez les Egyptiens. Il ne fallait pas moins de 70 jours à ceux-ci pour embaumer un mort. Voir HÉRODOTE, II, 86, et suiv. ; VIGOUROUX, *La Bible et les découvertes modernes*, t. II, pp. 191-194, 5e éd.

(2) *Dictionn. de la Bible*, s. v. *Embaumement*.

(3) Cf. EDERSHEIM, *L'Israélite de la naissance à la mort*, pp. 171-172; OLLIVIER, *La Passion*, pp. 384-385 ; STAPFER, *La Palestine*, p. 161.

(4) OLLIVIER, *op. cit.*, p. 385.

(5) Cf. *Joan.*, XIX, 39. Comp. *Luc*, XXIII, 56.

Notre-Seigneur fut embaumé et enseveli *suivant la coutume juive* (1). C'est dire que les pieux sanhédrites, Joseph d'Arimathie et Nicodème, lavèrent d'abord son corps adorable. On l'étendit sur une pierre au pied de la petite éminence du Golgotha.

Quiconque visite la basilique du Saint-Sépulcre à Jérusalem peut voir et baiser cette dalle sacrée (2). Elle mesure 2^m,70 de long sur 1^m,30 de large.

Avec le plus grand respect les disciples essuyèrent le visage de l'Homme-Dieu, enlevèrent les pointes d'épines restées dans les chairs, « décollèrent les cheveux englués de sang, » purifièrent tout son corps souillé de poussière et de sueur. On procéda ensuite à l'ensevelissement. Joseph d'Arimathie s'était procuré les linges nécessaires, notamment un linceul (σινδόνα (3), d'une finesse de tissu admirable, comme l'on peut s'en convaincre aujourd'hui encore (4), et qui devait envelopper le corps de la tête aux pieds. Nicodème de son côté avait apporté un mélange (μίγμα) de myrrhe et d'aloès, du poids de cent livres, hommage presque royal offert par le pieux sanhédrite à la mémoire du Maître tant aimé. On répandit ces parfums dans tout le linceul qu'on roula autour de Jésus (5). Par dessus on croisa en tous sens des ban-

(1) *Joan,* XIX, 40.
(2) La tradition relative à cette pierre dite « de l'Onction » est des plus anciennes. Cf. LIÉVIN, *op. cit.*, t. I, pp. 205-206. Mgr. Le Camus, au nom de la critique moderne, en conteste l'authenticité (cf. *Notre voyage aux pays bibliques*, t. I, p. 219). Il est évident qu'il ne s'agit pas d'un article de foi, mais on ne peut nier que cette tradition ne soit très vénérable et ne repose sur de sérieuses autorités. Cf. OLLIVIER, *op. cit.*, p. 482.
(3) Cf. *Marc.*, XV, 46.
(4) Cf. ROHAULT de FLEURY, *op. cit.*, pp. 235, suiv.
(5) Cette prodigalité de parfums, remarque M. ROHAULT de FLEURY (*op. cit.*, p. 234), montre que « le corps de Jésus ne fut pas seulement enduit, mais plongé dans les parfums.... Quoique Joseph d'Arimathie et Nicodème ne considérassent encore Jésus que comme un prophète et un homme vraiment admirable, ils voulaient cependant, dit saint Jean Chrysostome, lui donner par cette profusion digne de sainte Madeleine un témoignage de leur amour et de leur foi. »

delettes qui achevèrent d'emmailloter le cadavre. La
tête du Crucifié fut aussi serrée dans un suaire (σουδάριον)
et sur le visage on jeta pieusement un voile destiné
à en protéger les traits.

Comme on le voit, un grand nombre de linges
durent être employés à l'ensevelissement du Christ.
Mais « tous les monuments, assure M. Vigouroux (1),
donnent unanimement à la relique qu'on vénère à
Cadouin le nom de *Sudarium capitis Domini,* ou Suaire
du Chef du Seigneur. C'est une pièce d'étoffe de 2ᵐ, 8!
de long sur 1ᵐ,13 de large... La couleur en est blanche,
altérée par le temps ; mais la teinte qui en est résultée
n'a aucun rapport avec la teinte écrue générale dans
toutes les toiles qui ont servi à la sépulture dans
l'ancienne Egypte » (2).

Quant au Suaire de Turin, il paraît avoir enveloppé
le corps du Seigneur. « C'est un *byssus* de quatre
mètres environ de longueur en lin, un peu jauni par
le temps ;.. de grandes taches, dont quelques-unes in-
diquent certainement la place de la tête, ne peuvent
être attribuées qu'au sang divin dont ce saint suaire
fut décoré. Le temps a fait dans le tissu des trous
imperceptibles » (3).

Jésus fut entièrement caché dans ces suaires et sous
ces bandelettes (4). Avant de couvrir pour la dernière
fois son visage, Joseph d'Arimathie, Nicodème, la sainte
Vierge, tous les assistants baisèrent, suivant la coutume juive, le front du mort.

Il ne restait plus qu'à confier au sépulcre la dépouille sacrée du Sauveur.

§ 4. — *La mise au tombeau*

On procéda immédiatement à la sépulture.

(1) *Le N. T. et les découvertes archéologiques,* p. 178.
(2) De Gourgues, *Le Saint Suaire,* p. 60.
(3) Voir Rohault de Fleury, *op. cit.,* pp. 241-243.
(4) Rappelons que cet ensevelissement n'était que provi-
soire ; les saintes femmes devaient revenir après le sabbat
pour le compléter. Cf. *Marc,* xvi, 1 ; *Luc,* xxiv, 1.

Le temps avait manqué pour choisir le lieu où on déposerait le corps. Il eut, du reste, été trop long de transporter Jésus bien loin ; car l'heure était avancée et le « grand sabbat » approchait (1).

Or, il y avait, raconte saint Jean, tout près de l'endroit où le Sauveur fut crucifié, un jardin, et dans ce jardin un sépulcre neuf où personne n'avait encore été mis. Il appartenait à Joseph d'Arimathie, qui avait décidé de dormir là son dernier sommeil (2). Chez les Juifs les cimetières étaient rares : il n'y en avait guère que pour les étrangers et les pauvres (3) ; mais presque toutes les familles riches avaient un tombeau dans leurs propriétés particulières.

Gardons-nous de croire que ces tombeaux ressemblaient aux nôtres, et consistaient soit dans une simple fosse creusée en terre, soit dans un sarcophage recouvert d'une dalle de marbre ou de granit. Les sépulcres juifs étaient d'ordinaire taillés dans le roc vif. « Après avoir pratiqué une section verticale dans la paroi du rocher on y ouvrait une porte carrée donnant accès dans une chambre à plafond plat ou légèrement surbaissé. Dans les commencements on déposa le corps sur le sol même du caveau, comme autrefois dans la grotte naturelle. Plus tard, devant la nécessité d'agrandir la sépulture de famille, on chercha à loger les cadavres dans l'épaisseur du rocher. Sur les trois côtés [de la chambre] restés libres, on pratiqua des *loculi*, banquettes parallèles au mur sur lesquelles on plaçait le sarcophage, ou auges ménagées dans le roc et dans lesquelles on déposait le corps du défunt. Mais cette excavation parallèle donnait peu de place, et le temps avait vite rempli l'étroit espace où venaient dormir les morts d'une même famille. Il fallut donc songer à l'agrandir encore. Pour cela on creusa, perpendiculairement à la paroi, des *fours à cercueil*, comme on les nomme aujourd'hui, des *qôqîm* comme on disait en hébreu... Cette disposition était la plus ordinaire ;

(1) Cf. *Joan.*, xix, 42.
(2) Cf. *Matt.*, xxvii, 60 ; *Luc*, xxiii 53 ; *Joan.* xix, 41.
(3) Cf. *Matt.*, xxvii, 7.

.. elle constitue la vraie sépulture juive.. Les environs de Jérusalem sont remplis de ces hypogées funéraires » (1).

Le tombeau de Joseph d'Arimathie, où fut déposé Jésus, était creusé dans le flanc de la colline du Calvaire, de l'autre côté de la route qui passait là. On n'y voyait qu'une seule chambre avec une cavité rectangulaire tout au fond ; dans la paroi septentrionale était ménagé un *loculus* destiné à recevoir la dépouille mortelle du sanhédrite (2). En sa place l'Homme-Dieu fut couché.

L'Evangile garde le silence sur les détails de cette sépulture. On y observa sans doute les cérémonies accoutumées. C'était l'usage que les assistants psalmodiassent auprès du corps le psaume quatre-vingt-dixième, hymne d'espérance et de confiance en Jéhovah. Sepp ajoute qu'on faisait ensuite sept fois le tour dela litière où gisait le défunt, en s'adressant

(1) LEGENDRE, *Le Saint-Sépulcre.* pp. 12, 13.

(2) Si nos lecteurs visitent quelque jour le Saint-Sépulcre à Jérusalem, ils ne pourront que très difficilement se rendre compte par ce qui existe aujourd'hui de la disposition primitive du tombeau de Jésus. Sur l'ordre de sainte Hélène on fit de grands travaux qui modifièrent complétement l'aspect des lieux. Le tombeau actuellement placé au centre de la rotonde dela basilique constantinienne fut modifié et rendu quadraugulaire. Il forme un petit édicule carré composé de deux chambres, aux dimensions à peu près égales et communiquant par une porte basse et étroite. La première chambre, dite « chapelle de l'Ange », parce que c'est là, d'après la tradition, que l'Ange annonça aux saintes femmes la résurrection du Christ, est une sorte de vestibule long de 3^m,45 et large de 2^m,90. Les parois intérieures sont revêtues de marbre blanc et décorées de pilastres et de colonnettes. On entre en se baissant beaucoup dans la seconde chambre appelée « chapelle du tombeau ». Elle mesure 2^m,7 de long sur 1^m,93 de large. Des plaques de marbre couvrent le rocher ,« de sorte qu'en enlevant l'une d'elles, atteste le F. Liévin (*op. cit.*, t. I, p. 229), on mettrait à découvert le roc vif, dans lequel le sépulcre a été taillé ». Le tombeau proprement dit, s'élève de 0,65 cent. au-dessus du pavement ; il est long de 1^m,89 et large de 0,93 cent. On l'a creusé en forme d'auge et il adhère aux parois nord-ouest et est.

mutuellement des paroles de condoléance et de consolation (1). Quand tout fut terminé, Joseph et les disciples roulèrent à l'entrée du sépulcre une pierre énorme. C'était une précaution contre toute violation possible de ces asiles de la mort. Pour Jésus, on fit davantage. Les pharisiens poussèrent la défiance jusqu'à demander à Pilate l'autorisation de sceller la pierre elle-même, et de préposer des soldats à la garde des sceaux de la synagogue (2). Comme Dieu se moque de la prudence des hommes ! Tout cela ne devait que rendre un jour plus lumineuse l'évidence de la Résurrection.

Les larrons qui avaient partagé le supplice de Jésus ne partagèrent point sa sépulture. Que fit-on de leurs cadavres ? L'Evangile ne dit rien à cet égard. Il est infiniment probable qu'ils furent enterrés avec les instruments de supplice. C'était l'usage ; une loi consignée dans le Talmud (3) nous l'apprend. Or, il y avait à une trentaine de mètres à l'est du Calvaire (4) une citerne destinée à recueillir les eaux servant à arroser les jardins voisins. C'est là que furent jetés les trois croix (5) et inhumés les cadavres des deux malfaiteurs.

§ 5. — *Jésus aux enfers.*

On connaît cet article du *Credo* catholique : « Je crois en Jésus-Christ, Notre-Seigneur,... qui *est descendu aux enfers* » (6). La théologie protestante fait bon marché de ce dogme de notre foi (7). Dans la doctrine luthérienne la « Descente aux enfers »

(1) Sepp, *Vie de N. S.*, t II, p. 213.
(2) Cf. *Matt.*, xxvii, 62-66.
(3) Trait. *Sanhédrin*, xxxiv, 2.
(4) Voir Legendre, *op. cit.*, p. 9.
(5) On les y retrouva deux siècles et demi plus tard. Voir Rohault de Fleury, *op. cit.*, pp. 45-54.
(6) Cf. *Catéch. rom.*, p. i, cap. vi, n. 1.
(7) Parmi les théologiens protestants il y a néanmoins d'heureuses exceptions.

signifierait le triomphe remporté par Jésus sur l'enfer et le démon. Dans la doctrine calviniste, elle sym-
boliserait la mort et la passion du Rédempteur.
Quant aux critiques rationalistes, eux n'y voient
qu'une sorte de mythe d'origine chrétienne, basé sur
les espérances d'outre-tombe que nourrissaient les
premiers fidèles. Renan préfère dire que le dogme
en question est à reléguer parmi les croyances
disparues.

L'apostat en a menti ; l'Eglise croit toujours et
croira jusqu'à la fin que l'âme du Sauveur, pendant
les deux jours qui précédèrent la Résurrection, descendit aux enfers et y visita les justes de l'ancienne
alliance. Le fait est affirmé par saint Pierre et par
saint Paul. Dans sa première Epître, iii, 18-19, le
chef des apôtres écrit : « Le Christ est mort une fois
pour nos péchés, lui juste pour des injustes, afin de
nous ramener à Dieu. Mis à mort quant à la chair, il
vivait encore quant à l'âme. C'est *avec cette âme*
(ἐν ᾧ [πνεύματι]) *qu'il est allé prêcher aux âmes qui
étaient en prison*, et qui autrefois furent rebelles dans
le temps de Noé, etc. Luther affectait de ne rien comprendre à cela. « Voilà, disait-il, un texte étrange, une
parole obscure plus qu'aucune autre dans le N. T. Je
ne sais pas ce que saint Pierre veut dire. Il *semble* au
premier abord que Christ ait prêché aux esprits, aux
âmes autrefois incrédules, quand Noé bâtissait
l'arche... » (1). Et de vrai, saint Pierre enseigne que
Jésus a voulu faire bénéficier les morts des grâces et
des joies de sa Rédemption ; pour cela il est descendu
vers eux.

Saint Paul (2) l'affirme à son tour en des termes
non équivoques : « Etant monté en haut (εἰς ὕψος, *au
ciel*) il a emmené bien des captifs et fait des largesses
aux hommes. Or, cette expression : « il est monté »,
que veut-elle dire, sinon *qu'il était descendu dans les
parties les plus basses de la terre* (εἰς τὰ κατώτερα μέρη
τῆς γῆς). Le même qui *est descendu* est aussi monté

____

(1) Cité par Monnier, *La première Epître de l'apôtre Pierre*,
p. 172.
(2) *Eph.*, iv, 8-10.

au-dessus de tous les cieux. » Dans son Epître aux Romains (1) l'Apôtre parle également du Christ « remonté d'entre les morts », et saint Pierre, en son discours du jour de la Pentecôte (2), laisse aussi entendre que l'âme du Sauveur descendit dans l'Hadès pendant que son corps reposait au tombeau.

Les saints Pères ont recueilli et répété cette doctrine : « Pendant trois jours, dit saint Irénée, le Christ conversa avec les morts » (3) ; à l'appui de quoi il cite ces paroles d'un prophète (4) : « Le Seigneur Dieu s'est souvenu des morts d'Israël qui dorment ensevelis sous la terre, et il est allé vers eux pour leur annoncer la bonne nouvelle du salut ».

Les traditions juives du IIIe siècle nous parlent du Messie, fils de David, descendant jusqu'aux portes de la géhenne, « .... et ceux qui s'y trouvaient enchaînés le reçurent avec allégresse et s'écrièrent : voilà celui qui nous ramènera de ce lieu de ténèbres ».

Qu'on ne s'y trompe pourtant pas ; les *inferi* où descendit le Sauveur n'étaient point le lieu où souffrent les damnés ; ce n'était pas davantage le purgatoire. C'était le séjour « où les âmes des saints, enseigne saint Thomas (5), attendaient la venue du Christ. Ce lieu est quelquefois appelé le *sein d'Abraham* (6), en raison du repos dont on y jouissait ; — quelquefois aussi le *sein de l'enfer*, parce que la lumière de la gloire en était absente ». Les théologiens catholiques ont donné à ce séjour le nom de *limbes*. « Ceux qui habitaient là, dit saint Thomas (7), se sentaient pénétrés d'une grande joie dans l'espérance de la gloire, mais non sans quelque tristesse du retard qui les en séparait. Ils ne souffraient toutefois aucune peine sensible pour les péchés qu'ils avaient expiés soit dans le temps, soit depuis leur entrée dans l'éter-

(1) *Rom.*, x, 6.
(2) Cf. *Act.*, ii, 27. 31.
(3) *Adv. hæres.*, lib. v, cap. xxxi, n. 1.
(4) Mais quel est ce prophète ?
(5) *Summ. theol.*, p. 3, quæst. lii, art. 2, ad. 45.
(6) Comme dans *Luc.* xvi, 22.
(7) *Ibid.*, art. 5, ad. 1.

nité ; car ce lieu et cet état demeuraient absolument distincts du purgatoire ». « Dans les limbes par conséquent, ajoute le P. Ollivier (1), les saints de l'ancienne alliance, depuis Abraham jusqu'à Jean-Baptiste, toute la suite des patriarches et des prophètes, Abraham, Isaac et Jacob, — Moïse, Josué, David, — Isaïe, Jérémie, Daniel ; — toute la série des femmes illustres, Sara, Lia, Rachel, — Débora, Judith, Esther ; — les derniers ancêtres du Christ, Anne, Joachim, Joseph, attendaient l'accomplissement de la promesse faite à l'homme, après sa chute au paradis terrestre. »

L'âme de Jésus vint donc visiter ce mystérieux séjour.

La théologie enseigne que la mort ne brisa point les liens qui unissaient le corps et l'âme du Christ à la personne du Verbe. C'était Dieu lui-même, par conséquent, qui venait vers les patriarches et les justes de l'ancienne loi. Il les « évangélisa », écrit saint Pierre (2), c'est-à-dire leur annonça la bonne nouvelle de la rédemption messianique. Jusque-là ils avaient espéré ; cette espérance était une joie déjà. Mais les joies suprêmes, les consolations de la gloire, ils en demeuraient privés. Dès que le Christ parut ce fut le ciel pour eux : *ipsa Christi præsentia pertinebat ad cumulum gloriæ* (3). Sa vue les transporta d'allégresse : ils se crurent et furent réellement en paradis dès cette heure. Quarante jours plus tard, lorsque Jésus quitta la terre pour regagner les cieux, ils le suivirent et alors entrèrent pour jamais en possession des joies inénarrables de l'éternité.

(1) *La Passion*, p. 371.
(2) I *Pet.*, iii, 19 coll. iv, 6.
(3) S. Thomas, *op. cit.*, iii p., quæst. lii, art. 5, ad. 3.

TABLE DES MATIÈRES

TROISIÈME PARTIE
Le vendredi saint, dans la soirée.

FIN DE LA TABLE

Saint-Amand (Cher). Imprimerie BUSSIÈRE.